Inge von Wedemeyer

DER PFAD DER MEDITATION –
IM SPIEGEL EINER UNIVERSALEN KUNST

INGE VON WEDEMEYER

DER PFAD
DER MEDITATION
IM SPIEGEL
EINER UNIVERSALEN KUNST

Mit einem Vorwort
von
Ernst Benz

AURUM VERLAG · FREIBURG IM BREISGAU

Mit 2 ganzseitigen Farbtafeln und 45 Schwarz-Weiß-Abbildungen im Bildteil
sowie 22 Zeichnungen im Text.

1977
ISBN 3 591 08042 X
(c) 1977 by Aurum Verlag GmbH & Co KG, Freiburg im Breisgau.
Gesamtherstellung: Druckerei Karl Schillinger, Freiburg i. Br.
Printed in Germany

M. F.
in tiefer Verehrung
und Dankbarkeit

INHALT

II BILDER UND SINNBILDER DER MEDITATION

ANHANG

VORWORT

Wie niemals seit der Zeit des sich dem Untergang zuneigenden römischen Reiches steht die westliche Welt im Zeichen einer Überflutung mit östlichen Religionen. Diese erfolgt aber erstaunlicherweise nicht als Folge einer gutgeölten, wohltrainierten Mission im Stil der von kirchlichen Institutionen getragenen christlichen Weltmission, sondern in Gestalt einer spontanen Aufnahme von Meditationspraktiken der asiatischen Hochreligionen im Westen, und zwar gleichzeitig und nebeneinander von Meditationsformen des Hinduismus, des Buddhismus und des sufitischen Islam. Diese Meditationsformen sind zwar ursprünglich mit einer bestimmten religiösen Weltanschauung und einer bestimmten liturgischen Praxis verbunden, bezeichnend ist jedoch, daß die eigentliche Meditationspraxis der Hauptgegenstand ihrer westlichen Aneignung ist. Gerade das Angebot der Meditationspraxis und ihrer jeweils gerühmten Folgen einer Heilung von verschiedenen Formen des von unserer westlichen Kultur und Zivilisation hervorgerufenen Unbehagens ist der Hauptgrund des Erfolgs ihrer Ausbreitung in dem bisher christlichen Kulturbereich Europas, Nordamerikas und den von der westlichen Kultur geprägten Ländern anderer Kontinente.

Vom christlichen Standpunkt aus kann dieses Phänomen nicht einfach als eine Modeerscheinung abgetan werden. Es ist kein Zufall, daß gerade heute an den orientalischen Hochreligionen nicht mehr, wie zur Zeit Schopenhauers, Nietzsches und Richard Wagners, der weltanschauliche Inhalt der Religionsphilosophie der östlichen Religionen interessiert, sondern daß ihre Meditationspraxis eine so große Anziehungskraft auf den Westen ausübt. Offensichtlich sind hier die asiatischen Religionen in einen Hohlraum des westlichen Christentums hineingestoßen. Die rasche spontane Aufnahme und das weite

Echo, das sie fanden, ist nicht nur, wie oft behauptet, die Folge eines Snobismus, sondern verdanken ihren Erfolg der Tatsache, daß sie ein dringendes und in der geistigen Natur des Menschen selbst vorhandenes Anliegen erfüllen, das von den christlichen Kirchen nicht mehr genügend beachtet und nicht mehr ausreichend erfüllt wurde.

Dabei bildete in der Christenheit der alten und der mittelalterlichen Kirche die Meditation und Kontemplation eine Grundform des christlichen Frömmigkeitslebens innerhalb und außerhalb des Gottesdienstes und spielte eine beherrschende Rolle nicht nur im Mönchtum, sondern auch im Weltpriestertum und besonders auch in der Laienwelt. Seit der Scholastik, vor allem aber seit den Lehrstreitigkeiten der Reformation verlagerte sich jedoch das Schwergewicht der christlichen Frömmigkeit in allen Konfessionen immer mehr auf die Theologie. Es fand eine fortschreitende Intellektualisierung des Christentums statt, die sich in einer rasch sich ausbreitenden Verarmung der christlichen Meditation äußerte. Christentum wurde zur »Theologie«, zum Streit um die »reine Lehre«. Die zahlreichen mittelalterlichen Meditationsformen starben aus, übrig blieben die Exerzitien des Ignatius von Loyola, die eine starke kirchenpolitische Funktionalisierung in den Auseinandersetzungen der Gegenreformation erhielten.

Wenn also die asiatischen Meditationsformen in das so entstehende religiöse Vakuum eingeströmt sind, so kann ihr Auftreten nicht einfach apologetisch als exotischer Ersatz abgetan werden, sondern nötigt zu der Frage, ob ihnen nicht in der Tat in dieser Situation eine positive – auch für das Christentum positive – Bedeutung zukommt.

Auf diese Frage will das vorliegende Buch eine Antwort geben. Die Verfasserin, die selber Erfahrung im Bereich der sufitischen Tradition gewonnen hat, ist sich darüber klar, daß asiatische Meditationsformen nicht einfach auf eine christliche oder, wenn auch in einer noch so säkularisierten Form, durch das Christentum geprägte westliche Grundlage übertragen werden können und ist ihrerseits in einer anerkennenswerten Weise durchaus kritisch gegen eine eilige und kurzschlüssige Einpflanzung dieser Formen in unsere christlich geprägte Geisteswelt eingestellt. Trotz der Kenntnis der hier bestehenden

Unterschiede und Gegensätze ist sie aber aufgrund ihrer eigenen Erfahrung wie aufgrund ihrer weitgespannten religionsgeschichtlichen Kenntnisse der Meinung, daß es einen gemeinsamen Ansatzpunkt der religiösen Erfahrung und eine gemeinsame Grundlage des Verstehens im Bereich der christlichen und der östlichen Frömmigkeit gibt, die die Grundlage einer echten Wiedererkennung der Meditation im Westen bilden kann.

Die Verfasserin findet diese Gemeinsamkeit begründet in dem Menschenbild, das der christlichen und der östlichen Mystik zugrundeliegt, in dem Gedanken von dem Menschen als Mikrokosmos, als der kleinen Welt, die in ihrem Aufbau von Geist-Seele-Leib ein Abbild des Makrokosmos darstellt, und in dem Gedanken vom Kosmos als dem Großmenschen, der alle Elemente, Kräfte und Bildungen des Universums zu einer personhaften Gestalt zusammenfaßt, wobei sie auf Erkenntnisse der Kabbala und der christlichen Theosophie zurückgreift. Grundvoraussetzung ist der Gedanke vom Menschen als Gottesbild. »Die Gott-Ebenbildlichkeit ist als Gotteskindschaft in jedem Menschen als latente Anlage vorgebildet, und die Nachfolge durch Entwicklung dieser Anlage – das ist der Christus-Weg, der Weg jedes Menschen, der aus dem wandelbaren ins unwandelbare Leben eingehen möchte.«

Die Besonderheit des vorliegenden Werkes besteht nun darin, daß die Verfasserin zur Begründung der anthropologischen Basis der Meditation den Nachweis führt, daß diese gemeinsame religiöse Grundhaltung der Meditation, die in dem Grundverhältnis zwischen Gott, Mensch und Universum gegeben ist, sich in einer Reihe von Bildern und Symbolen ausdrückt, die in allen Formen der Meditation im Bereich der verschiedenen Religionen hervortreten. Stark beeinflußt von C. G. Jungs Anschauung von den »Archetypen«, die ja auch bei C. G. Jung bereits eine religionsgeschichtliche Auslegung erfahren haben, sieht sie in diesen Ursymbolen die Grundlage einer »universalen Kunst«, die die Grundbestandteile dieser Symbole der religiösen Erfahrung aufweist. In einer Zusammenschau der Hauptsymbole der einzelnen Weltreligionen betrachtet sie als solche Symbole und Archetypen religiöser Erfahrung und Anschauung z. B. die Pyramide, die Sonnenscheibe, Yin und Yang, das Hexagramm des I Ging, das Kreuz, die sieben Sterne, das Bild der himmlischen Stadt, das Bild Shivas im Flammenkreis der Schöpfung, das Bild der Weltachse, das Bild des androgynen Urmenschen, die verschiedenen Sinnbilder der Erleuchtung. Dieser Entwurf einer universalen Galerie der Archetypen der Meditation und der religiösen Anschauung und ihrer künstlerischen Darstellung in Liturgie und bildender Kunst ist sicherlich ungemein anregend und fruchtbar. Er schließt sich in angemessener Weise dem von buddhistischen und hinduistischen Kennern und Praktikern der Meditation unternommenen Versuch an, ihrerseits den Unterschied zwischen Christentum und den östlichen Religionen zu überbrükken und etwa in einer Gestalt wie Meister Eckhart und seinem Weg der »Entichung« ein Verbindungsglied zwischen beiden zu finden.

Der aufmerksame Leser wird nun selbst die Frage zu entscheiden haben, ob dieser großzügige, ernsthafte und kenntnisreiche Versuch einer Zusammenschau christlicher und östlicher Symbole zu einer »universalen Kunst« zu einer festen, tragfähigen Grundlage für die Zukunft geführt hat, wieweit nicht auch hier der entscheidende Unterschied, der geschichtliche Charakter der christlichen Botschaft zugunsten der ins Zeitlose erhobenen mystischen Auslegung eleminiert wird und der geschichtlichen Gestalt Jesu Christi, der unter Pontius Pilatus gekreuzigt wurde und am dritten Tage auferstand, zum geschichtslosen Symbol des Aufstiegs des Menschen zu Gott wird, wieweit die himmlische Stadt, die nach dem geschichtlichen endzeitlichen Endkampf zwischen Gottesreich und Satansreich vom Himmel herabsteigt und in der die Hochzeit des Lammes mit der Braut gefeiert wird, zum geschichtslosen Symbol der Gemeinschaft der Geister wird, denen der Aufstieg zum geistigen Reich auf den Stufen der Meditation gelungen ist.

Ernst Benz

12

I
MENSCH IM KOSMOS –
KOSMISCHER MENSCH

DER MENSCH IM KOSMOS

Unter den Füßen die Erde und über dem Haupt der Himmel
– das ist die körperliche und geistige Grundsituation des Menschen. Daß wir in der Erde verwurzelt sind und zugleich im
Himmel, ist eine Erkenntnis des geistig erwachenden Menschen. Es ist die Gegebenheit, innerhalb derer unser Leben als
dynamischer Prozeß abläuft, innerhalb derer wir unsere Kräfte
einsetzen und – Pfeil und Waage zugleich – vorwärtsstrebend
das Gleichgewicht zu halten versuchen. Als natürlicher Mensch aus Fleisch und Blut gehören wir zur
Erde, als geistige Wesen können wir über die irdische Gebun-
denheit hinauswachsen – das ist der Weg.
Die Erde ist ein Stern, eine banale Feststellung, sicher. Aber
man sollte sich das doch immer wieder einmal vorstellen:
diesen kleinen, kreisenden Erdenstern im Kosmos, Welt oder
Staubkorn, je nachdem, aus welcher Nähe oder Entfernung
man ihn anschauen will.
Die Erde ist ein Stern; das heißt: die Kräfte, die sie bestimmen
und in diesem unfaßlich gewaltigen Bezugssystem von Sonnen,
Gestirnen, Gewalten in ihrer Bahn halten, beruhen auf einem
der gesamten Sternenwelt des Kosmos gemeinsamen Gesetz.
Fliehkraft, Schwerkraft, Energie, Licht, Dunkelheit, Wärme,
Kälte, das alles ist gemeinsames Gesetz. Und was auf diesem
Erdenstern lebt, unterliegt »mitgefangen«, aber auch »mitge-
tragen«, ebenfalls diesem Gesetz. Der Mensch ist unablässig
bemüht – jeder gemäß den Gaben seiner Persönlichkeit und der
Entwicklung seines Bewußtseins –, diese Gesetze in ihrer
Tiefe und Wirkensbreite zu erkennen, um ihnen entsprechen zu
können. Das ist die Mühe und der Weg der Wahrheitssucher
aller Zeiten. Sie fragen und suchen nach dem Gesetz des Lebens
und nach dem, was, vielleicht, über dieses irdische Leben
hinausweist.

Der Wahrheitssucher will Antworten finden, die nicht morgen schon überholt sind; darum fragt er nach einem Weltbild von universaler Gültigkeit. Stellvertretend für viele, hier drei abendländische Beispiele für die Suche nach einem universalen Weltbild: Nikolaus von Cues, der Cusaner (1401–1464) [15]* stellte die Frage nach der Universal-Religion, verwirklicht in einer Philosophie der christlichen Liebe, wobei er nicht etwa zum Synkretismus verleiten wollte, vielmehr war er bemüht, zur Erkenntnis dessen beizutragen, was aller Religion im Kern gemeinsam ist – das menschheitliche Phänomen des Religiösen. Als zweites Beispiel Leibniz (1646–1716), der die Universal-Wissenschaft suchte, die die Prinzipien aller anderen Wissenschaften enthalten und entwickeln sollte, womit er an uralte Traditionen anknüpfte. Und schließlich ein Beispiel aus neuester Zeit: Hermann Hesse (1877–1962); er hat in seinem *Glasperlenspiel* den Gedanken der universellen Weisheit, der man im Rahmen eines Ordens zustrebt, dichterisch dargestellt. So drängt sich auch der Begriff einer universalen Kunst auf. Genauso aber wie der Cusaner nicht etwa eine unterschiedslose Einheitsreligion suchte, sondern zu einem Zusammenklang aus erkannter innerer Gemeinsamkeit finden wollte, so soll auch der Begriff »Universale Kunst« nicht etwa einer Welteinheitskunst das Wort reden, sondern es geht um das Erkennen jenes Wesenhaften, Universalen, das der Kunst schlechthin zugrunde liegt und worin das »Bruder Mensch!« erfahren werden kann, obgleich es seinen Ausdruck in den allerverschiedensten Formen und Formulierungen findet. Wer Ausschau hält nach einem universalen Weltbild, hängt trotzdem oft unbewußt noch an einengenden Vorurteilen und einer Überschätzung der eigenen Sicht. Andererseits aber zeigt sich heute wieder ein immer entschiedeneres Streben nach Toleranz und geistiger Weite. Es gibt immer mehr Bemühungen, in einer allgemeinen und umfassenden Schau und Gesinnung die Welt, die Einheit der Menschheit, ja die kosmische All-Einheit zu sehen und zu erkennen.

Hierbei hilft uns der Blick in die großen Kulturen, denn ihre bedeutendsten Zeugnisse haben universale Geltung, indem sie die Urgesetze der Weltenharmonie sinnfällig zum Ausdruck

---

* Die Ziffern in [ ] beziehen sich auf das Literaturverzeichnis.

bringen. In ihren religiös-künstlerischen Aussagen – in Wort, Musik, Bild und Gestalt – spiegelt sich die gemeinsame kosmische Urerfahrung der Menschheit.

Der große Religionshistoriker J. J. Bachofen (1815–1887) schrieb [52, S. XLIII]:»Die irdischen Ereignisse knüpfen an die kosmischen an. Sie sind ihr tellurischer [auf die Erde bezogener] Ausdruck. Es ist eine alles beherrschende Grundanschauung der alten Welt, daß Irdisches und Himmlisches den gleichen Gesetzen gehorchen und eine große Harmonie Vergängliches und Unvergängliches durchdringen muß.« Wenn Bachofen sich hier nur auf die »alte Welt« bezieht, so will das vorliegende Buch gerade zeigen, daß diese Grundanschauung zwar in den verschiedenen Epochen verschieden interpretiert wird, daß es sich nichtsdestotrotz aber um eine zeitlose, archetypische Grundgegebenheit handelt.

Bachofen hat klar ausgesprochen: Irdisches und sogenanntes Himmlisches, Kosmisches, gehorchen denselben Gesetzen. Das »Kosmische« ist aber nicht nur materiell, also in bezug auf astrophysikalische Gesetze zu verstehen, sondern vor allem geistig. Das heißt, es wird eine Harmonie gesehen zwischen Vergänglichem und Unvergänglichem – eine Sehweise, in der Diesseits und Jenseits, Greifbares und materiell nicht Greifbares einander wesenhaft durchdringen.

Welche Mittel aber sind es, durch die eine Universalsprache der Kunst möglich ist? Es sind vor allem die archetypischen, die ursprünglichen Symbole, sie sind gemeinsamer innerer Besitz der ganzen Menschheit. Seien es nun die Zahlen, die geometrischen Figuren, sei es Korn, Vogel, Krug oder Baum, sei es Berg, Rad, Säule, Pfeil oder Stern und vieles mehr.

Das Symbolerkennen und Symboldenken stellt sich im Verlauf der seelischen Entwicklung ein; plötzlich wird dies und jenes, ein Blatt, ein Bild, ein Fluß, die man bislang gar nicht sonderlich oder vielleicht nur vom praktischen Nutzen her betrachtet hat, zum Sinnbild. Alles Vergängliche wird zum Gleichnis für das unsichtbare Wesenhafte, das es zum Ausdruck bringt. Es kommen Tage, an denen derjenige, der dies erlebt, von einer Entdeckung zur anderen eilt; er hat einen geheimen Schlüssel gefunden, durch den er in das Wesen der Dinge schauen kann. Manchmal steht damit ein besonders lebhaftes Traumleben in Zusammenhang, und man sieht auch da, wie viele Traumbilder Gleichnisse sind und auf ein Unbekanntes hinweisen, das hinter und über dem Bild auf einen wartet. Plötzlich ist das Leben von einem bis dahin nicht gekannten Reichtum, von einer unbeschreiblichen Fülle. Wer diese Erfahrung nicht gemacht hat, findet die Symboliker vielleicht manchmal närrisch, weil sie Dinge und Ideen zusammenschauen, die scheinbar und in den Augen anderer gar nichts miteinander zu tun haben.

An einem Beispiel mag schon hier etwas von der Universalität und auch der Vielschichtigkeit der Symbolsprache gezeigt werden: Im Buddhismus – und nicht nur dort – ist das Rad mit den acht Speichen das Symbol für die Lehre und damit zugleich für den inneren Pfad. Für Lehre und Pfad gibt es in der Kunst der Welt aber noch andere Symbole: z. B. die Pyramide, die Leiter, den Berg, den Fluß. Ist es nicht ein widersinniges Durcheinander, wenn man sie alle als Symbole der Gegebenheit »Lehre und Pfad« zusammenwürfelt? Rad, Pyramide, Leiter, Berg und Fluß, sie alle deuten auf eine Bewegung hin: Rollen, Steigen, Strömen – das sind Bewegungen des Voranschreitens auf dem Pfad. Es sind verschiedene Aspekte jener einen Sache, die mit keinem Bild, mit keinem Wort, mit keinem Symbol ganz ausgesagt und beschrieben werden kann, die aber durch das Bild oder viele Bilder ins Licht des Bewußtseins rückt – jedem Menschen verständlich, bewußt oder unbewußt.

Man könnte versucht sein, gleichsam ein Alphabet der Symbole oder auch ein Alphabet der Archetypen zu erarbeiten, ein Alphabet, mit dem man dann die seelische Sprache sprechen könnte. Solche Versuche werden auch tatsächlich gemacht, aber hier liegt die Gefahr einer Dogmatisierung nahe, unter der die Vielschichtigkeit und Lebendigkeit der inneren Welt erstarren würde und der organische Prozeß, den das Erlebnis der Symbole und Archetypen auslöst, zerstört wird.

Die archetypischen Symbole sind Gemeingut der Menschheit, weil sie Gesetze der Schöpfung spiegeln und hinter ihnen das aufleuchtet, was über die irdische Gestalt und irdische Vernunft hinausweist.

Die Ursehnsucht der Menschheit ist die Sehnsucht nach Licht, so wie auch jede Pflanze sich dem Licht entgegenreckt.

Große Kunst zeigt diese Hinwendung zum Licht, das heißt den Aufblick zur Sonne, zu den Gestirnen, zum Kosmos, in dem die Harmonien der Schöpfung sichtbar werden. In diese Ordnungen ist der Mensch einbezogen, und das Bemühen der Wahrheitssucher geht dahin, sich immer bewußter und wesentlicher einzufügen und dort schöpferisch mitzuwirken, wohin das Schicksal sie stellt.

WISSEN UND GLAUBEN IM ZWIESPALT

Wer in den Kosmos, in Welt und Weltgeschehen, Ein-Sicht gewinnen möchte, kann das von drei Gesichtspunkten, von drei Ebenen aus versuchen: aus der Sicht der Religion, aus der Sicht der Philosophie, aus der Sicht der Naturwissenschaft.

Die religiöse Betrachtungsweise spiegelt sich in den mythischen Kosmogonien, den Weltschöpfungsberichten, im Lichte der Offenbarung, wie sie die Heiligen Schriften und Weisheitsbücher der Menschheit überliefern.

Der Philosoph versucht im allgemeinen, zu einem rational begründeten System zu finden, zu einem logischen Gedankengebäude, im Licht der natürlichen Vernunft.

Der Naturwissenschaftler unserer Tage mißt und beschreibt die ihm zugänglichen Phänomene und versucht, auf dieser Basis mit ihnen zu arbeiten, oder versucht auch, sie zum Nutzen der menschlichen Gesellschaft zu verwerten.

Eine vollkommene, sozusagen allwissende Lehre vom Kosmos müßte diese drei Betrachtungsweisen wieder zusammenschauen. Eines ist ihnen zweifellos gemeinsam: Das unablässige Suchen nach der Wahrheit, ja die Sehnsucht, der Hunger nach Wahrheit, nach Erkenntnis.

Eine religiöse Betrachtung, die die Naturwissenschaft ignoriert, ist ebenso verfehlt, wie eine Naturwissenschaft und auch Philosophie, die das Religiöse ausklammern. Werner Heisenberg (1901–1976) schreibt:»Die Richtigkeit bewährter naturwissenschaftlicher Ergebnisse kann vernünftigerweise nicht vom religiösen Denken in Zweifel gezogen werden, und umgekehrt dürfen die ethischen Forderungen, die aus dem Kern des religiösen Denkens stammen, nicht durch allzu rationale Argumente aus dem Bereich der Wissenschaft aufgeweicht werden.« [23, S. 348] Weder die naturwissenschaftliche noch die philosophische noch die religiöse Betrachtungsweise kann – wenn man sie isoliert – ausreichen oder befriedigen, da in jedem Fall die Wirklichkeit und die Wahrheit nur unvollkommen, ja verzerrt gespiegelt wird.

Mit anderen Worten, der tiefe Zwiespalt zwischen Glauben und Wissen, der heute zu einer Art weltanschaulicher Schizophrenie geführt hat, müßte von einem höheren Standpunkt aus, in dem man Glauben und Wissen als Einheit begreift, überwunden werden. Für den religiösen Menschen ist dieser Weg durchaus möglich, denn er kann nicht nur kraft des Glaubens, sondern durch entsprechende Schulung auch kraft konkreter Erfahrung mit den immer mehr sich entwickelnden geistigen Sinnen die materielle und die paramaterielle Welt als Einheit erkennen und durchdringen. So wie Gott Krishna in der Bhagavad Gita über den vollendeten Menschen sagt: »Was Ich dich lehre, wird, wenn du's erkannt, dir weiter nichts zu lernen übrig lassen.« [5, VII, 2]

Tatsächlich befinden wir uns in der Forschung heute wieder einmal in einer neuen Situation. Nicht mehr nur das Abstecken von Grenzen ist vordringliche Aufgabe, man hegt auch nicht mehr die Hoffnung, überschaubare, end-gültige Systeme zu finden. Vielmehr nimmt man wieder das offene System als Gegebenheit an; dieses wird dem ewigen Fluß, der unablässigen Wandlung ebenso gerecht wie dem statischen Grundgesetz. Allein im offenen System kann man dem Lebendigen, dem Dynamisch-Organischen in allen Erscheinungen, versuchen, gerecht zu werden. Das offene System ist das »panta rhei«, das »alles fließt« – den Mystikern seit eh und je bewußt.

Der Mensch unterliegt – wie alle geschaffene Natur – mechanischen Abläufen, dem Rhythmus von Tag und Nacht, dem Jahreszyklus, dem Zyklus der Lebensalter, dem Kreislauf des Blutes und dem Kreislauf der Gestirne. So ist eine Philosophie, die sich auf diesen mechanischen Aspekt beschränkt, durchaus möglich, wenn auch einseitig. Und jede einseitige Betrachtungsweise verzerrt die Wirklichkeit. Denn diese mechanischen Abläufe sind nicht das einzige Gesetz, denn auch der Mensch – und gerade er! – ist ein »offenes System«. Er kann Qualitäten entwickeln, die über Gesetz und System hinausweisen. Oder wie es in den Römerbriefen heißt: »So ist nun die Liebe des Gesetzes Erfüllung«, und »Christus ist des Gesetzes Ende«. [Röm. 13,10, Röm. 8,3]

Der Mensch steht unter dem Gesetz des Rhythmus, der Wandlung und der Liebe, er ist damit statisch und dynamisch zugleich, ist »geprägte Form, die lebend sich entwickelt« – und entscheidet!

Mit der Möglichkeit und Fähigkeit zur Entscheidung kann der Entwicklung die Richtung gewiesen und ein Leit- und Vorbild gewählt werden. Hierzu schreibt Heisenberg, daß nur da Hoffnung auf Besserung ist, wo die Menschen ein klares Unterscheidungsvermögen von Gut und Böse bewahren. »Wo keine Leitbilder mehr den Weg bezeichnen, verschwindet mit der Wertskala auch der Sinn unseres Tuns und Leidens, und am Ende können nur Negation und Verzweiflung stehen. Die Religion ist also die Grundlage der Ethik, und die Ethik ist die Voraussetzung des Lebens. Denn wir müssen ja täglich Entscheidungen treffen, wir müssen die Werte wissen oder mindestens ahnen, nach denen wir unser Handeln ausrichten.« [23, S. 343] Eben darum betrachtete Heisenberg die Religion nicht als eine »überwundene Bewußtseinsstufe der Menschheit« [dt.]. Er, der große Atomphysiker, findet Worte für das, worum sich heute wieder so viele Menschen aufrichtig und eindringlich bemühen: Ausweg aus dem Heillosen durch eine Zusammenschau der naturwissenschaftlichen, der philosophischen und der religiösen Wahrheiten.

DER WAHRHEITSSUCHER

Wenn man den Menschen als ein Ganzes betrachtet, sind seine körperlichen und seelischen Leiden nicht voneinander zu trennen; es fragt sich nur, wo am besten der Hebel anzusetzen ist, um zu heilen. Eine Hilfe besteht nicht zuletzt darin, die Einheit und das harmonische Zusammenspiel aller inneren und äußeren Kräfte wieder zu ermöglichen.

Ein Welterleben, in dem die religiösen, philosophischen und naturwissenschaftlichen Vorstellungen auseinanderklaffen, führt unausweichlich zu tiefer existentieller Not. Unklarheit und Unsicherheit steigern sich zu psychischen Leiden, die innere Disharmonie zeigt sich in Rastlosigkeit oder Lethargie und über kurz oder lang auch in gesundheitlichen Schäden. Das mag mit kleinen Unpäßlichkeiten, Schlafstörungen und organischen Unregelmäßigkeiten beginnen, kann sich aber bis zu schwersten Erkrankungen steigern, deren eigentliche Ursachen dann meistens nicht erkannt werden können.

Die wahre Not unserer Zeit ist eine geistige Not, sie ist die Folge der säkularisierten, der verweltlichten Denkweise, die Folge des Abfalls vom geistigen Wissen, von der konkreten geistigen Erfahrung.

Was aber ist geistiges Wissen? Es ist Erkenntnis, die für die physische *und* die metaphysische Wirklichkeit offen ist. Man kann sich mit Wissen und weisen Worten vollpacken gleich einem lebenden Lexikon, ohne doch imstande zu sein, dieses Wissen bewußt und weise zu handhaben. Wissen ist vor allem Informationsmaterial; Bewußtsein aber ist lebendige, wache Erfahrung, die uns prägt und kraft derer wir prägen. Diese nicht nur technisch-mechanische, sondern schöpferische Verfügungsfähigkeit über das Wissen erreicht man letztlich nur durch Entwicklung der höheren Einsicht, durch die Entwicklung der Zentren des Bewußtseins. In der christlichen Mystik werden sie, auch wenn dies heute nicht mehr allgemein bekannt ist, als Augen, Rosen, Kreuze oder Sterne bezeichnet und dargestellt. Heute werden sie bei uns meistens mit einem Begriff aus der indischen Tradition »Chakras« genannt. Chakras heißt »Räder«, es sind die Sonnenräder der Lehre auf dem Pfad. Sie sind Empfangs- und Sendestationen des inneren Menschen, sie sind die Schaltstationen zwischen der physischen und metaphysischen Welt, sie sind geistige Augen und sind auch Scheinwerfer, mit denen man sieht und erhellt. Tatsächlich sind diese technologischen Begriffe durchaus zutreffend – was auf der geistigen Ebene vorhanden ist, hat auf der physischen seine Entsprechung.

Durch die Entfaltung der Chakras, wie sie in allen Schulen der Mystik und Esoterik, der inneren Religion, gelehrt wird, kann der natürliche Mensch sich zum geistigen, zum kosmischen Menschen entwickeln, der in der Überlieferung als »der vollkommene Mensch« bezeichnet wird. In katholischer Terminologie: Er findet von der natürlichen zur übernatürlichen Gottbildlichkeit. [3, S. 41]

In unserem, man möchte fast sagen, verwilderten seelischen Zustand wird nur wenigen bewußt, daß es im Menschen überhaupt diese Bewußtseinszentren gibt. Und doch haben wir in ihnen ein in den esoterischen Schulen als heilig geltendes System, das Gemeingut der Menschheit ist. Neben den Symbolen, in denen sich gemeinsame Urerfahrung der Menschheit spiegelt, ist im Chakra-System die noch tiefere Gemeinsamkeit zu sehen. Es wird daher, in mehr oder weniger verschlüsselter Form, in allen großen Kulturen und in vielen der sogenannten primitiven Kulturen in Bild und Wort dargestellt.

Die Chakra-Erfahrung ist in allen Menschen latent vorhanden und kann daher universal genannt werden. So liegt hier die Möglichkeit einer universalen Sprache, durch deren Kenntnis die Einheit der Menschheit, das »Bruder Mensch« verwirklicht werden kann. Wenn dazu heute noch nicht alle Menschen fähig sind, so ist das nur eine Frage der Zeit im Zyklus der Menschheitsentwicklung und für den einzelnen eine Frage der Geduld und der in die rechte Richtung zielenden Entwicklung.

Die Betrachtung von Kunstwerken mit universaler Geltung aus den verschiedenen Kulturen, wie sie im zweiten Teil dieses Buches angeregt wird, öffnet bei entsprechender innerer Einstellung die Augen für die Erfahrung und kann so zu einem Element der geistigen Entwicklung werden.

Es kommt in jedem Fall im Verlauf der bewußten inneren Entwicklung zur Erfahrung der Symbole und ebenso zur Erfahrung der Chakras. Allerdings mit dem Unterschied, daß sich das Symboldenken im gegenwärtigen Entwicklungsstadium der Menschheit durchaus mit den allgemein üblichen und zugänglichen Schulungsmethoden durch Vertiefung in die Kunst und durch ein gewisses inneres Denken erschließen kann, während die Entwicklung der subtilen Bewußtseinszentren nur mit Hilfe eines Lehrers unternommen werden sollte, der den Pfad aus eigener Erfahrung kennt und die Selbstlosigkeit verwirklichte; er weist dem Schüler die richtige Richtung und kann ihm jene Impulse geben, die die Frequenz seiner Schwingung erhöhen – ein Vorgang, unter dem sich allerdings derjenige wenig vorstellen kann, der nicht bereits ein Stück auf dem Pfad der Meditation gegangen ist.

Die Frage, ob der Suchende auf dem inneren Pfad einen lebenden Lehrer, einen Guru, braucht, wird in den Lehren des Ostens uneingeschränkt bejaht, während wir im Westen auf diesem Gebiet wenig Erfahrung haben. Einige wenden sich einem nicht mehr auf Erden weilenden Lehrer oder Heiligen zu, viele wieder Christus, oft unter Verzicht auf den Pfarrer oder Priester, einige suchen den »inneren Lehrer«, andere resignieren und meinen, es gäbe gar keine lebenden Lehrer – zumindest nicht bei uns. Die Überlieferung sagt aber, daß der Lehrer erkannt wird, wenn es an der Zeit ist. Nach dem Wort der Bibel: »Bittet, so wird euch gegeben.«

Unbegreiflich erscheint es vielen, daß man wirklich von einem geistigen Lehrer gesehen und gerufen werden kann, daß der Lehrer den Schüler also entdeckt und weckt. Hierzu sagt Kirpal Singh: »Von der Spitze eines Berges aus kann er sozusagen die glimmenden Feuer der Liebe in den einzelnen Herzen ausfindig machen, und gleich einem großen, mächtigen Magneten oder Leitstern zieht er alle Seelen, die in seinen Einflußbereich kommen, an, um durch persönliche Unterweisung und Führung die göttliche Mission zu erfüllen.« Es wird auch gesagt: Es fehlt nicht an Lehrern, aber es fehlt an Schülern.

Eigentlich sollte uns die Notwendigkeit, einen geistigen Lehrer zu haben, selbstverständlich sein, denn wie könnte man eine Sprache lernen ohne jemanden, der sie gut spricht? Wie also sollte man diese kosmische Licht- und Bewußtseinssprache der Chakras verstehen und entwickeln können ohne einen Lehrer, der sie beherrscht? Der Schüler, der ohne einen Lehrer den Pfad gehen will, wird verglichen mit jemandem, der in einer fremden Großstadt eine bestimmte Straße sucht. Statt am Bahnhof einen Ortskundigen zu fragen, marschiert er aufs Geradewohl los und sucht und sucht... Wann wird er ans Ziel kommen? In diesem Leben noch?

Dies sollte uns aber keineswegs entmutigen, denn jedes Vorbild, jedes Leitbild, dem der einzelne nachstrebt, ist »der Lehrer«! Es geht deshalb vor allem darum, diesen Lehrmeister in der richtigen inneren Einstellung zu wählen. Dabei wird jeder froh und dankbar sein, wenn er jedenfalls einen guten geistigen Berater findet, damit es ihm nicht nach dem Sprichwort ergeht: Wenn der Blinde den Blinden führt, fallen beide in die Grube.

Der Wahrheitssucher: Es ist der Mensch, der in seiner ursprünglichen, allen Wesen eingeborenen Sehnsucht »unter Sternen zu den Sternen« strebt, der sich aufrichtet, aufschaut und sein Bewußtsein dem Licht zuwendet. So entwickelt er sich aus der dumpfen, animalischen Erdgebundenheit zu wahrem Menschentum. Der Weg ist mühsam, aber er führt zu dem, was allerdings für viele Menschen zunächst nichts weiter als eine empathische Vokabel ist: zur Seligkeit.

Ein indischer Meister unserer Tage drückte dies so aus: »In der Welt besteht nichts ohne Zweck und Ziel, und obschon im Plane des Lebens der Platz des einen von dem des anderen verschieden erscheint, haben wir doch – vereint mit der niederen Kreatur, den Engeln und den Genien – ein gemeinsames Ziel: die Verwirklichung der Wahrheit, und diese kommt zu allen als Seligkeit.« [30]

MIKROKOSMOS – MAKROKOSMOS IN DER SICHT VON MEISTERN UND WEISEN DER VERGANGENHEIT

»Wer die Menschen kennen lernen will, muß erst den Himmel kennen, der den Menschen ihre Natur und sein Gesetz gegeben hat«, heißt es bei Konfuzius (551–478 v. Chr.). [66, S. 30]

Diese Worte des alten chinesischen Weisen stellen den Menschen kühn mitten in das Bezugssystem des Kosmos, stellen diesen kleinen, kreatürlichen Erdenwurm als Mikrokosmos ins Licht des Makrokosmos und reißen den an die Erde verhafteten Blick aufwärts in kosmische Räume. Ist das weise Erkenntnis – oder Größenwahn? Die Frage nach dem immanenten kosmischen Bezugssystem sei zunächst an Meister und Weise der Vergangenheit gestellt, denn sie alle waren durchdrungen von der kosmischen Erfahrung der Weltenharmonie, und ihr Wissen spiegelt sich in den großen Weltkulturen. Dann aber sollen auch Denker unserer Epoche befragt werden, um zu sehen, ob es eine Brücke zwischen dem Einst und Jetzt geben kann oder ob wir in einer neuen Situation stehen, in der die alten Vorstellungen ihre Gültigkeit verloren haben.

Die astronomisch-astrologische Erfahrung bildet die Grundlage der kosmischen Weltschau und führt zur Erfahrung der kosmischen Bedingtheit des Körpers und der Seele als den Werkzeugen des Geistes in der Materie. Mit anderen Worten: Man erkennt, daß der Mensch ein kleines Weltall, ein Weltall im Kleinen ist.

Im alten China gibt es ein geflügeltes Wort:»Das Weltall ist nicht groß, mein Körper ist nicht klein.« Groß und klein sind relative Begriffe.»Im kleinsten Punkt die größte Kraft«, sagt Friedrich von Schiller und rührt damit an die Erfahrung der paramateriellen Ordnungen, in denen die raumzeitlichen Begriffe unserer»handgreiflichen« Welt transzendiert sind.

Im alten Indien wird das große Geheimnis der Einheit von Mensch und Kosmos vor allem in der Sonnenbetrachtung dargestellt. Da heißt es in den Upanischaden:

»Das was der Sonne Auf- und Untergang bewirkt,
Machtquell der Natur und unserer Sinne,
das was nicht seinesgleichen hat,
dies ist das unsterbliche Selbst.« [60, S. 30]

Dieses Selbst ist unser Innerstes, der eigentliche Wesenskern des Menschen, sein tiefstes, ihm meist fast unbekanntes Geheimnis, die Quelle seines Lebens, das als Sonne verstanden wird.

»O Sonne, . . . laß deine liebliche Gestalt durch deine Gnade mich erblicken. Das Wesen, das dir innewohnt, dies Wesen, das bin ich.« – »Das Selbst des Menschen und das Selbst der Sonne sind Eins!« [60, S. 30 u. S. 84]

26

Die Lehre von der Weltenharmonie ist für den Abendländer heute vor allem mit dem Namen des großen Meisters Pythagoras verbunden (etwa 582–507 v. Chr.). Man sagt, er sei der erste gewesen, der das Weltganze »Kosmos« genannt hat, das heißt »Ordnung«, harmonisches Gebilde. Pythagoras repräsentiert uralte Lehren und führte sie weiter; er ist ein Glied in der Kette der großen Eingeweihten. Nach der pythagoreischen Lehre ist die Welt gemäß den Gesetzen der Musik erschaffen. Das heißt: Wort, Ton, Laut – also Schwingung – ist das schöpferische Prinzip. Diese Lehre, besser gesagt, dieses Wissen, war in allen großen Kulturen bekannt. In der christlichen finden wir es gleich in den Eingangsworten des Johannes-Evangeliums: »Im Anfang war das Wort...« So erklingen die Harmonien der Sphären; und der Harmonie des Kreislaufs der Gestirne entspricht der Kreislauf der Säfte und Kräfte im Menschen; eine Störung dieser Harmonie bedeutet Leiden und Krankheit.

So ist der Mensch mit seinem ganzen Denken, Sprechen und Handeln Mitträger der göttlichen Harmonie, er ist ein Ton in der Weltensymphonie und hat die Aufgabe und Verantwortung, seinen Part in diesem kosmischen Konzert rein zu halten und kraftvoll erklingen zu lassen.

Ptolemäus (2. Jahrh. v. Chr.) sagte: »Ein weiser Geist trägt zu den himmlischen Vorgängen ebensoviel hinzu, wie ein vollkommener Landwirt durch das Bebauen oder die Reinigung seines Bodens zur Ergiebigkeit der Natur.« [56, S. 21] Er war wohl der bedeutendste Astronom der späten Antike und lebte noch ganz aus den alten Überlieferungen und Erfahrungen. Danach waren die Planeten Erscheinungsformen von Gottheiten, die ihren bestimmten »Ton«, ihre Farbe – oder Tönung –, ihre Eigenschaften und Aufgaben hatten. Von diesen gewaltigen Kräften und Mächten empfängt nicht nur die Erde als Schwesterstern, sondern auch jeder Erdenbewohner entscheidende Impulse.

Auch bei Plato (427–347 v. Chr.) steht zu lesen, daß die Seele kosmischer Herkunft und damit eine Komponente im kosmischen Bezugssystem ist; sie steigt im Prozeß der Involution und Evolution, »wenn die Stunde der Geburt gekommen ist, durch alle Planetensphären hinab in den Körper... Sie strebt aber zurück zu der höchsten transplanetaren Sphäre, zur

göttlichen Sphäre, aus der sie kam und die alle umfaßt.«
[56, S. 29]

Hipparch, griechischer Astronom des Altertums (etwa 190–125 v. Chr.), beschreibt ebenfalls, wie das menschliche Schicksal mit dem der Gestirne verknüpft und die Seele ein Teil des Himmels sei.

Damit wird klar ausgesagt, daß Astronomie und Astrologie zusammengehören; sie bilden in den alten Hochkulturen eine Einheit. Im universalen Weltbild, jener Ganzheits- und Einheitsschau, um die man sich heute wieder bemüht, gelten in der Seele des Menschen, in seinem Leib und Leben dieselben Gesetze wie im gesamten Sein und Dasein der Welt. Eine wahre Kenntnis vom Stoff – so wurde im Altertum immer wieder formuliert – ist nicht möglich ohne Kenntnis der kosmischen Entsprechungen. Alle Erscheinungsformen der Welt werden als Varianten der einen Urkraft verstanden; Körper, Seele und Geist, sichtbares und unsichtbares Sein sind verschiedene Dimensionen, in denen sich das Eine Göttliche manifestiert.»Stoff ist verdichteter Geist« – so sagen die Mystiker von alters her.

Auch die großen Astronomen des abendländischen, christlichen Kulturkreises waren durchdrungen von Ehrfurcht vor dem Schöpfer der Weltenharmonien.

Kopernikus (1473–1543) schrieb:»Wer sollte nicht, wenn er bei der mit göttlicher Weisheit geleiteten, herrlichen Anordnung des Weltgebäudes sinnend verweilt, durch die stete Betrachtung davon und sozusagen durch den vertrauten Umgang, zum Höchsten angetrieben und zur Bewunderung des allwirkenden Baumeisters der Welt geführt werden, in dem die höchste Glückseligkeit ist.« [52, S. 222]

Johannes Kepler (1571–1630) sagte in hymnischer Hingabe: »Groß ist unser Herr und groß seine Macht und seiner Weisheit kein Ende. Lobet ihn, Sonne, Mond und Planeten, in welcher Sprache immer euer Loblied dem Schöpfer erklingen mag. Lobet ihn, ihr himmlischen Harmonien, und auch ihr, die Zeugen und Bestätiger seiner enthüllten Wahrheit!« [50, S. 218] Die Harmonie der Sphären – das Loblied der Schöpfung, die kosmische Symphonie.

In welcher Sprache auch immer, mit welchem Lichtstrahl, in

welcher Schwingungsintensität, mit welcher Frequenz, mit welchem Ton, mit welchem Wort auch immer – jeder stimmt das »Lied« des ihm eigenen individuellen Gesetzes an, und die Aufgabe besteht nicht zuletzt darin, es zu erkennen und ins Licht des Bewußtseins zu heben.

Bei dem Arzt und Mystiker Paracelsus (1493–1541) lesen wir:»Ihr sollt wissen, daß im Menschen sind Sonn und Mond und alle Planeten.« [64] Gott hat, so sagt er, nicht nur die Gestirne an den Himmel, sondern auch in die Menschen gelegt; der Mensch hat ein »Inneres Firmament«. Und weiter:»In jedem Menschen ist ein besonderer Himmel, ganz und ungebrochen«, und das Innere und Äußere sieht Paracelsus als »*ein* Ding, *eine* Konstellation, *eine* Frucht«. [56, S. 32]

DAS INNERE FIRMAMENT

Die Behauptung, es gäbe im Menschen ein Inneres Firmament, klingt für manchen – bei aller Achtung vor der Überlieferung und den Meistern vergangener Tage – wie eine poetische Floskel, ein Märchen aus frommer Vergangenheit. Und das ist verständlich, denn ehe man den Sprung über die eingewöhnte Denkweise hinaus, sozusagen den Sprung nach innen, diese Umkehr nicht selber versucht und vollzieht, gibt es offensichtlich keine sichtbaren oder greifbaren Erfahrungen, keine Gewißheit, die die alten Lehren bestätigen können.

Es wäre aber schon ein Anfang gemacht, wenn man ein- räumt, daß – möglicherweise – den Behauptungen der Alten echte Erfahrung und bewußtes Wissen zugrunde liegen. Man kann das als Hypothese annehmen, als Arbeitsgrundlage für einen Erfahrungsprozeß, dem man dadurch die Möglichkeit zur Entfaltung gibt.

Der Astronom unserer Tage, der mit Lichtjahrmillionen mißt; der Astrologe oder Kosmobiologe, wie er sich heute nennt, der mit Tierkreiszeichen operiert; der religiös Gläubige, der einstimmt in das »Brüder überm Sternenzelt muß ein lieber Vater wohnen«; der Astronaut, der gelassen die Mondkapsel besteigt; der Mensch, der sich selbst als Mittelpunkt des Universums empfindet; und jener Erdenbewohner, dem unser Planet als wirbelndes Staubkorn im All erscheint – sie alle haben eines gemeinsam: Ihr Blick hat sich von der engen Erdenbezogenheit gelöst und auf den Himmel, in den Kosmos, ins All gerichtet.

Seit Urtagen möchte die Menschheit die Geheimnisse des Kosmos ergründen; diese Geheimnisse, in die der Mensch sich selber mehr oder weniger bewußt, mehr oder weniger verloren oder geborgen, als »kosmischer Mensch« einbezogen fühlt. Er möchte schauen und wissen, er möchte erkennen mit dem Licht der Intelligenz und Einsicht.

Die Weisheitslehren der Menschheit wollen den Menschen in die Lage versetzen, sich seiner kosmischen Herkunft und seines kosmischen Seins und Zieles bewußt zu werden. Und immer wieder wird das innerste Selbst des Menschen als göttlicher Funke und als Entsprechung der geistigen Sonne angeschaut und angesprochen. Die physische und die geistige Sonne, das ist das Zentrum des Inneren Firmamentes, in dem man sich selber erkennt, in dem der Inbegriff der Gottheit erfahren wird. »Uns scheinen beide Sonnen...« sagte Jakob Böhme.

Diese Erfahrung wird durch Introspektion, durch Binnenschau gewonnen. Der tiefste Innengrund des eigenen Wesens ist gleich einem Licht, das man mehr oder weniger verborgen auf der schweren Reise durch die dunkle Erdenwelt in sich trägt und dann, wenn man das irdische Kleid abgelegt hat, dem All-Licht, der All-Sonne – möglichst unbeschadet – zurückbringt, indem man sich ihr anheimgibt. Wer aber dieses Licht in seinem Innern ahnend erkennt und ihm dient, der kann es anfachen, dem kann es zur Fackel werden, mit der man nicht nur sich selber, sondern vor allem auch anderen Menschen Licht ins Dunkle ihres Lebens und Schicksals trägt. Dies ist der eigentliche Auftrag des Menschen. Das Lichtwerden des Menschen ist der Prozeß des »Werden, was du bist«.

Um praktisch diesen Weg des inneren Lebens zu gehen, gibt es jene uralten, überlieferten Methoden der Meditation, die vor allem im Fernen Osten, aber auch bei uns in Europa noch heute gelehrt und ausgeübt werden. Da wird in unendlich geduldiger, hingebender Arbeit und unablässigem Mühen die irdische

Natur, mit der wir der Erde verhaftet und verpflichtet sind, überwunden und die »Geist-Natur«, das eigentliche Menschsein entwickelt. Das ist die Entfaltung der geistigen Persönlichkeit, die Entwicklung der schöpferischen Potenz.

In den Upanischaden heißt es von der Introspektion: »Wenn aber Sonne und Mond untergegangen, das Feuer erloschen und jeder Laut verstummt ist, was dient ihm (dem Menschen) dann als Licht? Das Selbst ist dann sein Licht; denn beim Lichte des Selbst sitzt der Mensch, geht er umher, verrichtet er seine Arbeit und ruht er, wenn diese getan ist. Was ist dieses Selbst? Es ist das aus sich selbst leuchtende Wesen, das im Innern des Herzens weilt, umgeben von den Sinnen und Sinnesorganen. Es ist das Licht, das den Menschen erleuchtet.« [60, S. 163]

Die Seele wendet sich immer liebender, dienender und erkennender der Gottheit zu: »Du bist das Feuer, Du bist die Sonne. Du bist die Luft, Du bist der Mond, Du bist das sterngeschmückte Firmament, Brahman bist Du, der Erhabene. Alles Wasser bist Du, Schöpfer des Alls!« [60, S. XV]

Die Sonne erhellt und erwärmt aber nicht nur, sie schafft und fördert nicht nur Leben und Gedeihen, sondern sie bedeutet auch Dürre, Durst, Qual, Verbrennung, Vernichtung. Gerade die überwältigende Macht der Sonne hat die Menschheit immer wieder bewogen, sich ehrfürchtig dieser erhabensten Naturerscheinung zuzuwenden. Die Natur richtet sich mit ihrem Wachsen und Gedeihen nach dem Gesetz der Sonne, in heißen Zonen entwickeln sich andere Pflanzen als in gemäßigten oder kühlen Zonen. Der Mensch aber, der nicht eingewurzelt ist in der Erde, soll selber die Weise und den Weg finden, gedeihlich im Licht zu leben. So soll er sich auch in der richtigen Weise der Gottheit nahen, so daß ihm sein eigener Übermut oder Unmut oder Hochmut nicht schadet, sondern das Licht ihn – zu seinem Heil und Glück – rufen und treffen kann. In dieser bewußten Hinwendung liegt die Freiheit des Menschen!

Die Seele ist dank ihrer Herkunft und Natur imstande, sich zur Erkenntnis der All-Einheit zu entwickeln. In der Binnenschau taucht man ein in das, was als »Himmel« bezeichnet wird, was mit Paradies, Ziel, Glückseligkeit und manchen anderen Namen benannt wird. Schon die ersten Erfahrungen einer echten Meditation geben dem Übenden eine Ahnung dieser

Glückseligkeit. Die erste, tastende Erfahrung der Freude wird zum Wegweiser und zum Ansporn für unermüdliches, unablässiges Weiterüben und Weiterhoffen.

»Die Seele ist Licht, der Geist ist Licht, und der Körper ist Licht – Licht verschiedener Stärke, und diese Verwandtschaft ist es, die den Menschen mit den Himmelslichtern und Planeten in Verbindung bringt.« [30] Und sie ist es auch, durch die der Mensch die Sonne als höchste Manifestation des geistigen Lichtes, der Gottheit selber, begreift.

»Das ewige Selbst, es ist die Sonne, die am Himmel scheint, es ist das Lüftchen, das im Weltall weht, es ist das Feuer, das entbrannt ist am Altar, es ist der Gast im Haus. In allen Menschen ist es, in allen Göttern wohnt es, im Raume weilt's und überall, wo Wahrheit ist. Es ist der Fisch im Wasser, die Pflanze in der Erde, der Wildbach, der vom Felsen stürzt, die wandellose Wirklichkeit, die unbegrenzte.« [60, S. 31]

Es wäre ein Mißverstehen, sähe man hier »nur« eine Naturreligion oder »nur« heidnischen Pantheismus. Vielmehr soll gezeigt werden, wie das heiligste Buch der Offenbarung die Natur, die Schöpfung Gottes ist, sowohl die sichtbare: im Stein, im Stern, im Menschen, im Licht – als auch die unsichtbare mit ihren schöpferischen Schwingungen, die sich den entfalteten geistigen Sinnen nach und nach offenbart, um die Seele schließlich heimzuführen in die wandellose Wirklichkeit. Das heilige Buch der Natur kann nicht durch Menschenaberwitz und -torheit verfälscht und gefälscht werden. Natur ist wahr und unmittelbar, und die Meister verstehen ihre Sprache, sie lauschen dem Schöpfungswort, das immer in ihr weiterschwingt.

In diesem Erkennen und Wissen ist die Lehre der Mystiker aller Zeiten gegründet. Man weiß, daß die Heimat der Seele nicht die Erde ist: Die Heimat ist jene andere Welt. Die Erde aber ist eine Station auf der Reise der Seele, deren Ziel im »ganz Anderen« liegt. Diese Reise ist Umweg, oft Irrweg und am Ende Heimkehr; die mystische Reise am ortlosen Ort ist die Himmelfahrt der Seele und kann auch dann erfahren werden, wenn man noch mit seinem physischen Körper verbunden ist und man erkennt, daß das sogenannte »ganz Andere« überall gegenwärtig ist.

DER LICHTCHARAKTER DER MATERIE

Alles Materielle basiert auf geistigen Qualitäten. Geistige Qualität aber ist Lichtqualität. Wie stellt sich der moderne Wissenschaftler, Forscher und Philosoph zu dieser Behauptung des Mystikers? Man könnte die verschiedensten geistreichen oder auch geistfeindlichen Richtungen und Tendenzen zu Wort kommen lassen, jedoch sollen in diesem Zusammenhang Zitate angeführt werden, in denen eine unmittelbare Verbindung zwischen Persönlichkeiten unserer Zeit und den Weisen und dem Geistesgut der Vergangenheit sichtbar wird. Wir werden sehen, daß im Grunde genommen keineswegs ein mühsames Brückenschlagen zur Vergangenheit notwendig ist; denn – mehr oder minder im geheimen – ist die Erfahrung und Überlieferung der Urweisheit nie abgebrochen. Es ist nur so, daß jeder einzelne und jede Epoche sie selber neu und gültig wiederentdecken muß, um ihre Wirklichkeit wirkend erfahren zu können.

Das Lichtgeheimnis, das in aller, auch der dichtesten Materie verborgen ist, und sei es nur wie der Funke im Feuerstein, spricht der englische Astrophysiker Sir James Jeans (1877–1946) mit folgenden Worten an: »Das Weltall fängt an, mehr einem großen Gedanken als einer großen Maschine zu gleichen.« [31] Nach Erich Becher [64, S. 133] besteht die ganze Welt, auch die Materie an sich, aus »seelischem Baumaterial«. Das entspricht der Auffassung von C. G. Jung, wonach die Materie eine latente Psyche besitzt – das bedeutet Bewußtsein, Intelligenz.

Die Wirklichkeit ist ein Gefüge von einander durchdringenden Systemen verschieden dichter Lichtkonsistenz. Je mehr dies wieder eingesehen wird, desto mehr lösen sich die Grenzen eines nur-mechanistischen Weltbildes auf. Die Welt wird wieder weit.

Dies alles sind keine psychologischen oder philosophischen Spekulationen, sondern Einsichten, die auch die modernen Wissenschaftler vor allem aufgrund der Entdeckung der Doppelnatur des Lichtes gefunden haben, diese Doppelnatur als Korpuskel und Welle – das zentrale Thema Werner Heisenbergs. Nach seinen Worten sieht die Wissenschaft heute alle Substanzen als verschiedene Formen einer universellen Energie. Dabei wird das Licht als noch nicht materiell, als gewissermaßen paramateriell angesehen; es ist eine Art »übersystemaler Vermittler«, kann als übersystemales »Wesen« gedacht, wenn auch nicht vorgestellt werden. Und damit nähert die moderne Wissenschaft sich unaufhaltsam jenem Begriff und jenem Erkennen, das zu allen Zeiten mit Gottesnamen benannt und angerufen wurde.

Werner Heisenberg formuliert [22, S. 142]: »Es sind die gleichen ordnenden Kräfte, die die Natur in allen ihren Formen gebildet haben und die für die Struktur unserer Seele, also auch unseres Denkvermögens verantwortlich sind.«

Bei diesen Erfahrungen, zu denen der immer tiefer forschende Naturwissenschaftler kommt, verwundert es nicht, wenn bedeutende Denker wieder einstimmen in jenen Chor, in dem die Weisen und Meister seit Menschengedenken miteinander verbunden sind.

So bekennt Albert Einstein (1879–1955): »Das kosmische Erlebnis der Religion ist das stärkste und edelste Motiv naturwissenschaftlicher Forschung. Das tiefste und erhabenste Gefühl, dessen wir fähig sind, ist das Erlebnis des Mystischen. Aus ihm allein keimt Wissenschaft. Wem dieses Gefühl fremd ist, wer sich nicht mehr wundern und in Ehrfurcht verlieren kann, der ist seelisch bereits tot. Das Wissen darum, daß das Unerforschliche wirklich existiert und daß es sich als höchste Wahrheit und strahlendste Schönheit offenbart, von denen wir nur eine dumpfe Ahnung haben können – dieses Wissen und diese Ahnung sind der Kern aller wahren Religiosität... Meine Religion besteht in der demütigen Anbetung eines unendlichen geistigen Wesens höherer Natur, das sich selbst in den kleinen Einzelheiten kundgibt, die wir mit unseren schwachen und unzulänglichen Sinnen wahrzunehmen vermögen. Diese tiefe gefühlsmäßige Überzeugung von der Existenz einer höheren Denkkraft, die sich im unerforschlichen Weltall manifestiert, bildet den Inhalt meiner Gottesvorstellung.« [50, S. 194]

Das sind Bekenntnisse, die an Kraft und Tiefe denen des Kopernikus und Kepler um nichts nachstehen.

Max Planck (1858–1947) schreibt: »Als Physiker, also als

Mann, der sein ganzes Leben der nüchternen Wissenschaft, der Erforschung der Materie diente, bin ich sicher von dem Verdacht frei, für einen Schwarmgeist gehalten zu werden. Und so sage ich nach meinen Erforschungen des Atoms folgendes: Es gibt keine Materie an sich! Alle Materie entsteht und besteht nur durch eine Kraft, welche die Atomteilchen in Schwingung bringt und sie zum winzigsten Sonnensystem des Atoms zusammenhält...«; wir müssen »hinter dieser Kraft einen bewußten intelligenten Geist annehmen. Dieser Geist ist der Urgrund aller Materie... Da es aber Geist an sich nicht geben kann, und jeder Geist einem Wesen zugehört, so müssen wir zwingend Geistwesen annehmen. Da aber auch Geistwesen nicht aus sich selbst sein können, sondern geschaffen worden sein müssen, so scheue ich mich nicht, diesen geheimnisvollen Schöpfer ebenso zu nennen, wie ihn alle alten Kulturvölker der Erde früherer Jahrtausende genannt haben: – Gott!« [50, S. 251]

Das Atom gleicht einem winzigen Sonnensystem – das lernt heute schon jedes Schulkind, und zwingend ist der Schluß, daß in aller Materie, deren Bausteine die Atome sind, dieselben Gesetze walten wie im Sonnensystem. Zwingend ist der Schluß – und doch: Vom logischen Anerkennen dieser Tatsache bis zur inneren Erfahrung der kosmischen Zusammenhänge, von der »Information« bis zum bewußten »Einschwingen in das Gesetz«, ist ein weiter Weg. Es ist der Weg vom im gewohnten Eigenwillen materiell orientierten Ego zum höheren Selbst; vom kreatürlichen, irdisch verstrickten Menschen zum geistigen Menschen; in Worten der christlichen Überlieferung: der Weg vom gefallenen Adam zum Christus in uns.

DER WEG DES MEDITIERENDEN

Es braucht lange Übung, unermüdliches Prüfen und Geprüftwerden, bis der »Wahrheitssucher« tatsächlich mit seinem Wesen erfaßt, daß die geistige Wirklichkeit das Primäre ist, daß *sie* die schaffende, schöpferische Wirklichkeit ist; so wie die Sonne der primäre Lichtspender ist, von dem die Erde, der

Mond, die anderen Planeten das Licht empfangen. Aus der geistigen Sonnenwirklichkeit empfängt der Mensch die Kräfte und Fähigkeiten, mit denen er den Anforderungen des Schicksals, dem täglichen, praktischen Leben standhält. Das sind keine Geschenke, die uns den Lebenskampf ersparen, sondern man braucht Durchhaltevermögen, Unermüdlichkeit, entschlossene Zähigkeit, durch die man lernt, auch alle Rückschläge immer gelassener hinzunehmen und auch manche harte Durststrecke zu ertragen. Das ist es, was wir auf dem Pfade brauchen und lernen. Aber dies ist kein Grund zur Entmutigung. Denn es heißt:»Wohl geht der Weg des Mystikers auch durch Dornengestrüpp und über Eisfelder, durch Wüstensand und sengende Sonne – der Wanderer geht jedoch ruhig und sicher des Weges, denn *das* Licht leuchtet ihm, das der Weg ist, und ihn wird keine Furcht übermannen.« Und weiter:»Nachdem er die ersten Schritte auf dem Pfade getan hat, wird sein Dasein von Licht und Leben erfüllt, und dann weiß der Mystiker, daß er den Pfad gefunden hat und geht unbeirrt weiter.« [29]

Dem Meditierenden gelingt es mit der Zeit immer besser, daß ihn die Berührungen der Welt – die unvermeidlichen und die notwendigen – nicht mehr zu sehr schmerzen; nicht aber, weil er die Welt ablehnt oder gar verachtet, sondern weil er nichts mehr von der Welt für sich selber haben will; denn nun möchte er immer entschiedener alles, was er kann und vermag, alles, was er selber empfängt, in diese Welt hineingeben, weitergeben; er will nicht mehr besitzen, sondern geben. Mit den Worten des Heiligen Franz von Assisi:

»Ach, Herr, laß du mich trachten:
nicht daß ich getröstet werde,
sondern daß ich tröste;
nicht daß ich verstanden werde,
sondern daß ich verstehe;
nicht, daß ich geliebt werde,
sondern daß ich liebe.«

Alles Lesen und Diskutieren über den kosmischen, über den »vollkommenen Menschen« ist nutzlos und Zeitvergeudung, wenn darüber die praktische Übung der Binnenschau versäumt wird: Die konsequent durchgeführte Meditation, angeleitet von einem wahren geistigen Lehrer oder auf der Suche nach dem Lehrer, und bewußt eingedenk der rechten Richtung, damit man keinem in die Hände fällt, der sich nur einbildet, die Lehre zu kennen. Denn auch solche »Lehrer« gibt es mehr als genug, und sie sind gar nicht so leicht zu durchschauen. Jedoch ein aufrichtiges Gebetsleben in der Nachfolge Christi hat noch jeden auf den Pfad geführt.

Den Blick nach innen gerichtet, das Lauschen nach innen gerichtet, den Atem in die Tiefe führend, das Herz dem göttlichen Licht zugewandt, im inneren Aufblick »zu den Bergen, von welchen dir Hilfe kommt«, so bemüht der Meditierende sich, und so ist er geschützt.

Die Meditation wird von zwei Kräften getragen, die allerdings im Grunde genommen beide in der einen Kraft wurzeln. Es geht um eine innere und eine äußere, technische Kraft. Die innere Kraft ist die Gesinnung des Meditierenden; es ist seine Grundhaltung, der geistige Nährboden und zugleich die Zielkraft. Mit der mehr äußeren, technischen Kraft ist die Methode gemeint, das heißt die Anwendung der spezifischen Übungen.

Liebe, Ehrfurcht, Hingabe an das Göttliche und der Wunsch, immer einsichtiger geistig dienen zu können, kennzeichnen die Gesinnung, und was in diesem Buch gesagt wird, will hinleiten zu dieser Sicht und inneren Haltung. Man kann es nicht genug betonen: Nur eine redliche Gesinnung öffnet das Tor, durch das wir den Pfad finden können. Unsere Bemühungen sind zwar unvollkommen, aber was zählt, ist die Echtheit unseres Strebens – nach dem Wort »Der Herr wägt die Herzen«. Das gilt für alle wahren geistigen Schulen.

Im wesentlichen gibt es fünf große Ströme der esoterischen Überlieferung, die allerdings von einem höheren Standpunkt gesehen immer mehr als eine Einheit erkannt werden können, während sie im äußeren große Verschiedenheiten aufweisen. Da ist die Vedanta-Lehre mit ihrem Yoga; da ist die buddhistische Schule, von der vor allem die Zen-Methoden in den Westen gedrungen sind; dann ist das Sufitum zu nennen, das aus uralten Überlieferungen, auch – wie gesagt wird – aus altägyptischer und zarathustrischer Erkenntnis, stammt [27];

37

ebenfalls aus altägyptischer und auch zarathustrischer Quelle stammt die kabbalistische Überlieferung, die Mystik des Judentums; und schließlich ist die christliche Mystik zu nennen, die dem Abendland in besonderer Weise anvertraut wurde. Ob man zu dieser oder jener Schulung findet, hängt davon ab, zu welchem geistigen Lehrer, Priester oder Vorbild man sich hingezogen fühlt und wen man als Lehrer zu erkennen imstande ist.

Man neigt heute dazu, Meditationstechniken unabhängig von ihrem geistig-religiösen Nährboden zu sehen, zum Beispiel in der Art, wie manche die östlichen Methoden für Christen anwenden oder anwenden möchten. Viele meinen, sie müßten nur Methode und Technik übernehmen und könnten sie dann mit dem gewünschten geistigen Gehalt erfüllen. Es ist aber im Gegenteil so, daß die Mystik und die dazugehörige Schulung zu jener geistigen Weite und Toleranz führen, in der der Mensch – ohne der eigenen Konfession abzusagen! – in allem echten religiösen Streben die Eine Wahrheit erkennt und achtet. Dabei öffnet sich zunehmend der Blick für die eigentliche Tiefe der eigenen Konfession.

In den oben aufgeführten Schulen ist Meditation letztlich Gebet – auch im Buddhismus, dem so viele im Westen aus Mangel an kompetenter Information das Gebetsleben absprechen möchten.

Die äußeren Formen, die Rituale und Methoden der Gebets- und Meditationsübungen sind unmittelbarer Ausdruck und Eindruck der mystischen Tiefe, in die der Meditierende das Lot wirft. Das Geheimnis liegt weit tiefer als Methode und Technik. Wahre Meditation führt in allen Religionen zur Innenseite des Lebens, führt auf den mystischen Pfad. Man hat die Mystik die Innenseite der Religion genannt – der Religion schlechthin, also der Wiedervereinigung mit dem, was das Weltkind verloren hat und was in der Bibel im Gleichnis vom verlorenen Sohn zum Ausdruck kommt.

Mystik ist »die Äußerung des eingeborenen Strebens des menschlichen Geistes nach vollkommener Harmonie mit der übersinnlichen Ordnung der Dinge – wie auch die theologische Formel für diese Ordnung lauten mag« ... Dieses Streben ist »die wahre Entwicklungslinie der höchsten Form des menschlichen Bewußtseins«, schreibt Evelyn Underhill. [59]

Von den äußeren Übungen, von der Technik, wird in diesem Buch absichtlich wenig gesagt, weil sie individuell auf den Übenden abgestimmt sein müssen, damit die Meditation nicht zum Schaden, sondern zur Entwicklung führt, damit sie zum Segen wird. Die Übungen sind gut – das Gute ist besser. Ähnlich lautet auch die Antwort auf die Frage, ob Wissen und Bildung für den Wahrheitssucher notwendig sind: Bildung ist gut – Herzensbildung ist besser.

In der wahren Meditation sucht der Mensch mit der ganzen Intensität seiner Persönlichkeit den ihm aufgetragenen eigenen Weg. Er sucht den Pfad – den er noch gar nicht kennt – in einer Meditation, die anfangs nur minutenweise geübt wird, eines Tages aber nicht nur stundenweise, nicht nur in kleinen, aus dem übrigen Leben herausgelösten Zeiteinheiten, sondern ohne Unterbrechung in jedem Atemzug weiterschwingt, auch mitten im Leben der sogenannten äußeren Welt, am Tage und in der Nacht, im Wachen und im Schlafen.

Das ist zunächst unvorstellbar, jedoch in Ahnungen kann jeder schon dann etwas davon erfahren, wenn er den Weg in der richtigen Gesinnung beginnt. Ja, wenn diese Ahnung und Hoffnung nicht wären – sogar noch ehe man den Pfad bewußt sucht –, wenn es nicht die Zeichen und Rufe gäbe, so würde man den Pfad weder suchen noch finden können. Anfangs sind die Vorstellungen wohl unklar, aber man ahnt, daß es hier um jenen Weg geht, der – wie es in den Weisheitsbüchern der Menschheit heißt – der einzige ist, der zum wahren Leben führt.

Meditation wird mit der Zeit sogar die Materie des Körpers wandeln, auch den Grundumsatz, die Herztätigkeit, die Kapazität der Lunge. Das sind konkret nachweisbare Vorgänge, und es gibt heute Bemühungen, die durch Meditation eintretenden physiologischen Veränderungen mit exakten wissenschaftlichen Methoden weiter zu erforschen. Vielleicht ist das Anstoß für den einen oder anderen, das Zutrauen und den Mut aufzubringen, die dazu gehören, den Pfad tatsächlich zu gehen.

In der Entwicklung kann es eines Tages dazu kommen, daß sogar die Zellen nicht mehr nur vom Licht leben, sondern zu Lichtträgern, das heißt zu Leuchtenden werden. Die Verklärung ist keineswegs nur eine Allegorie und der Heiligenschein keine fromme Legende. Man ist heute bis zu einem gewissen Grade in der Lage, die Aura des Menschen zu fotografieren, und es wird sich immer mehr zeigen, wie diese Aura auch von der seelisch-geistigen Intensität und Reinheit oder Verworrenheit der Gesinnung abhängt.

Menschen, die dafür eine besondere Begabung haben oder entsprechend entwickelt sind, brauchen keinen Fotoapparat, sondern können das Kraftfeld nicht nur fühlen, sondern auch sehen, als Licht, als Aura. Hier darf allerdings nicht übersehen werden, daß jeder Mensch – wie auch jeder Gegenstand – eine gewisse Aura hat, weil sie alle ihr eigenes Kraftfeld haben; es ist jedoch nicht leicht, von dieser Aura Rückschlüsse auf die geistige Verfassung zu ziehen. Mit anderen Worten: Wenn jemand die Aura eines Menschen zu sehen vermag, ist das noch kein Beweis dafür, daß der Sehende und die gesehene Person »erleuchtet« sind. Es kommt hier sogar leicht zu Überbewertungen der Phänomene, weil man sie nicht richtig einordnen kann.

Es ist auch wissenschaftlich festgestellt, daß jeder Mensch eine Art Funksender und Empfänger ist, mit individueller Wellenlänge; und es wurde zum Beispiel gemessen, daß ein sehr intensives Gebet eine Energie haben kann, die die eines großen Rundfunksenders um ein Vielfaches übertrifft [50, S. 9]. Daß ein intensives Kraftfeld erhebliche Wirkungen auch auf die Umwelt, auf die Mitmenschen hat, muß nicht betont werden. So wird die Heilkraft des Gebetes begreiflich sowie die Wirkung des geistigen Lehrers auf den Schüler.

Die physischen Veränderungen durch mystisch-meditative Versenkung zeigen sich beispielsweise auch an den Stigmatisierten, an jenen Menschen, die die Wundmale Jesu tragen: Ein Zeichen für die Fähigkeit zu sehr intensiver Identifikation und Hingabe. Jede Art der Konzentration – im Guten wie auch im Unguten – verändert des individuelle Kraftfeld, was selbstverständlich physische Folgen, wenn auch nicht immer leicht erkennbare, hat.

Die richtig geübte Meditation führt zu einer Lebenssteigerung, die sich auf den gesamten Menschen auswirkt. In der Meditation und in der wahren Ekstase »findet gleichsam eine stärkende Berührung mit der Wirklichkeit statt, und infolgedessen wird das Subjekt (der Betende) selber wirklicher.

Oft... gehen auch die Kranken aus der Ekstase gesund und sehr gestärkt hervor.« [59, S. 81]

Der Meditierende kann sich mit der Zeit so einschwingen in die Harmonie, daß er zu einem harmonischen Kraftfeld wird, das auch auf andere Menschen nicht nur wohltuend, sondern sogar heilend wirkt – also wiederum erhebliche physische Veränderungen verursachen kann. Darum sei man sich bewußt: Gedanken sind Kräfte und Meditation ist schöpferisch!

Der französische Philosoph Blaise Pascal (1632–1662) beschrieb die Umwandlung vom natürlichen zum kosmischen Menschen mit den folgenden Worten:»Durch die Ausdehnung umgreift mich das Weltall und verschlingt mich wie einen Punkt; durch den Gedanken aber umgreife ich es.«

Die Himmelfahrt des »verklärten« Menschen ist keine Ortsveränderung, sie ist Wesensänderung; Himmel und Paradies, das ist nicht ein *Ort* des Seins, sondern eine *Weise* des Seins.

Was für ungeahnte, vielen Menschen noch ganz verborgene Möglichkeiten in der Entwicklung der geistigen Sinne liegen, kann vielleicht am Erlebnis des Schauens erklärt werden. Während unsere Füße sich kaum vom Erdengrund lösen können – in gewisser Weise im Erdboden verwurzelt sind –, schweift das Auge in sekundenschnellem Flug durch unermeßliche Räume. Das Auge ist das geistigste unserer physischen Organe und Symbol für die Fähigkeit zu unermeßlichem Flug der Gedanken, und diese sind – unabhängig vom physischen Auge – zu noch weit kühneren Eroberungen und Durchdringungen der sichtbaren *und* unsichtbaren Welten fähig! Entwickelt sich nun aber sogar das geistige Auge – dieses höchste menschliche Erkenntnisorgan –, so ist es das Auge des Sehers, der es gleich einem »Scheinwerfer« auf die Dinge und Phänomene, auf Vergangenes, Gegenwärtiges und Zukünftiges richten kann. Das geistige Auge richtet sich beleuchtend und erhellend dorthin, wo es erkennen und beleben will. Das geistige Auge, das »dritte Auge«, ist nicht mehr abhängig von der Raum-Zeit-Dimension.

So ist die Symbolsprache zu verstehen, in der Gott, der Allwissende, Allsehende als Auge dargestellt wird, aber auch als Sonne, als gewaltiger Scheinwerfer und Lebensspender des Kosmos. Dementsprechend wird die Sonne auch »Gottesauge« genannt.

SONNENAUFGANG

Seit Urtagen stellt die Menschheit die Frage nach Ursprung, Sinn und Ziel des menschlichen Daseins. Alle Kulturen, alle Weisheitsbücher künden von diesem Fragen, Suchen und Ringen.

Seit Urtagen strebt die Seele dem Licht entgegen; und der Lebensweg des Menschen wird bestimmt durch das Verfehlen oder Finden des Lichtes. Licht wird gesehen als Symbol und Essenz der Wahrheit. So wird dem Menschen die Sonne zum höchsten ihm schaubaren Wahrheitslicht, wird ihm zum Gott.

Viele alte Mythen berichten von der Inkarnation Gottes, von der Menschwerdung der Sonnensöhne, die den Auftrag haben, den Menschen den Weg zum Licht zu zeigen. Dieses Ereignis der Inkarnation des Gottessohnes ist die Geburtsstunde der großen Religionen. Es ist der Kern der Lehre, auch in der Religion des Abendlandes, im Christentum.

Jeder dieser himmlischen Botschafter hatte eine Aufgabe zu erfüllen, die der aktuellen, brennenden Not seiner Epoche entsprach; sie antworteten – wie es heißt –»auf den Notschrei der Menschheit«. [30] Man kann auch sagen: Jeder der Söhne Gottes zeigte den Menschen einen bestimmten Aspekt der absoluten Gottheit, eben den, der in der gegebenen Zeit die entscheidende Hilfe und Entwicklung bringen konnte.

Zarathustra brachte vor allem den Geist der Reinheit, Buddha den des Mitleids, Christus – den die Christen als Meister aller Meister verstehen – ist das Symbol für die liebende Selbstaufopferung, Mohammed verkündete die Einheit. Das alles sind bestimmte Aspekte oder Eigenschaften des Absoluten, die von den verschiedenen Botschaftern verkündet werden – deren Lehren jedoch von ihren Anhängern im Verlauf der Jahrhunderte oft nur allzu sehr entstellt und verzerrt wurden und werden.

Jacob Böhme wurde gefragt: »Wie werden dann diese bestehen, welche in dieser Zeit also um das Reich Christi streiten und einander darum verfolgen, schänden, schmähen und lästern? – Der Meister sprach: Diese alle haben Christus noch nie erkannt ... Es ist die größte Torheit in Babel, daß der Teufel die

Welt hat um die Religion zankend gemacht, daß sie um selbstgemachte Meinung zanken, um die Buchstaben, da doch in keiner Meinung das Reich Gottes steht, sondern in Kraft und in der Liebe... Darum sage ich, ist alles Babel, was sich miteinander beißet und um die Buchstaben zanket.« [10, S. 136 ff] Dies aus der Sicht des »Esoterischen Christentums« [62], in dem die Seele zu wahrer Universalität findet, indem sie von der Christustatsache gleichsam imprägniert wird [10, S. 18] und das Herz zu umfassender Liebe weitet.

Daß jede Religion und Kirche in gewisser Weise der Ansicht ist, ihr Botschafter sei der größte, darüber soll an anderer Stelle noch gesprochen werden.

Das Erscheinen dieser Menschheitshelfer, der Soteres, das heißt Retter, ist nicht einfach nur ethisch oder historisch zu verstehen, sondern als Erfüllung eines Gesetzes, durch welches das kosmische Gleichgewicht zwischen den welterzeugenden, welterhaltenden und weltverwandelnden Mächten und Kräften aufs neue wieder hergestellt wird. Noch einmal sei betont: Es handelt sich nicht um eine bloße Hoffnung, einen vagen Trost, sondern um ein fundamentales Gesetz. Man kann die Erhaltung dieses Gleichgewichtes auch folgendermaßen beschreiben: Wenn die Dunkelheit überhand genommen hat, erfolgt der Einbruch des Lichtes, gleich dem Einbruch in ein Vakuum; es folgt nach lastender Nacht der Aufgang der Sonne, wenn die Sehnsucht danach stark genug geworden ist!

So wurde die Herabkunft der Gottessöhne in Verbindung mit dem Aufgang der Sonne gesehen, und dieses Ereignis gehört zu den Urerfahrungen der Menschheit, sowohl im Offenbaren als auch im Geheimen. Dieses Ereignis vollzieht sich aber nicht nur in kosmischen Dimensionen und nicht nur in den Sternstunden – besser gesagt: Sonnenstunden – der Menschheit, sondern hat seine Entsprechung im Leben und im Innern eines jeden Menschen. Dieses Aufgehen der Sonne, dieses Lichtwerden, diese Erleuchtung, ist Sehnsucht und Ziel eines jeden Menschen, sei es auch noch ganz unbewußt, oder – bei fortschreitender geistiger Entwicklung – ein bewußtes Ringen und Suchen.

Wenn man beim Studium alter Kulturen eines Tages diese Lichtwerdung als zentrale Erfahrung und Impuls der Weltschau entdeckt, erkennt man ahnungsvoll, wie die ganze Menschheit tatsächlich eine Einheit bildet! Nicht nur verstandesmäßig räumt man ein, daß alle Menschen Brüder sind, sondern man hat das Herzstück menschlicher Erfahrung entdeckt, aufgrund dessen man sich über die Grenzen von Rasse, Kultur, Zeit, Religion, Weltanschauung hinweg verstehen und verständigen kann.

»Je näher man an die Wirklichkeit herankommt, desto näher kommt man der Einheit.« [30, S. 18]

Es sind die Mystiker aller Zeiten, die sich um diese Erfahrung bemühen; sie erleben den Aufgang der Sonne um Mitternacht. Das ist die Stunde der Umkehr. In den Mithras-Mysterien der Zarathustrischen Religion hieß »die große Erfahrung«: »Das Schauen der Sonne um Mitternacht.« Und in dieser Beleuchtung, dieser Erleuchtung vermag der Mystiker mit hellen, erwachten Augen zu schauen. In der christlichen Kirche besteht noch heute die Sitte der Mitternachtsmesse am 24. Dezember; das Schauen der Sonne um Mitternacht bedeutet die Geburt Christi im Herzen des Menschen.

DER »ICH-BIN«

In der Bhagavad Gita spricht Gott Krishna mit folgenden Worten über das Gesetz der Göttlichen Inkarnation:

»So oft der Menschen Sinn für Recht und Wahrheit
Schwinden will, und Ungerechtigkeit
Ihr Haupt erhebt, werd' Ich auf's neu geboren
Zur rechten Zeit. So will es das Gesetz.
Zum Schutz der Guten, aber zum Verderben
Der Bösen komm' Ich mitten unter sie,
Den Weg zu lehren, der zum Heile führt.« [5, IV, 7–8]

Als Botschafter höchster Verwirklichung tritt uns in der Bhagavad Gita Gott Krishna entgegen, im Neuen Testament Christus, in der Avesta Zarathustra, im alten Peru Viracocha, um einige der großen Lichtsöhne, von denen die Menschheitsüberlieferung weiß und berichtet, zu nennen. Sie alle sind Personifizierungen des »Ich bin, der Ich bin«. Sie haben die Antwort auf die Urfrage des Menschen, auf sein »Wer bin ich?« verwirklicht. Sie sind »Alpha und Omega«.

In der Bhagavad Gita heißt es: »Ich bin der Anfang und das Ende... Ich bin das Leben der Unsterblichkeit« – erhabene Worte, wie sie genauso in der weit jüngeren christlichen Bibel zu finden sind.

Manchen Christen befremdet es, daß auch andere Zeiten und Zonen einen Göttlichen Botschafter »gleich« Jesus Christus gehabt haben sollen. Andere wieder sind dankbar für diesen Ausblick, in dem das Wort Christi »Ehe denn Abraham ward, bin Ich« (Joh. 8, 58) erst verstehbar wird und der kosmische All-Christus eine Realität.

Und wieder andere, die sich vom Christentum zurückgezogen haben, finden in dem »Ich bin« einer fremden Kultur oft eines Tages sehr intensiv ihr eigenes »Ich bin« in diesem Anruf, der sie aus schal gewordenen Denkgewohnheiten des eigenen Kulturkreises zu neuem Erleben herausreißt. Dadurch kann auch das »Ich bin« des Christus, das »Ich bin« in der eigenen Religion, in die man schicksalhaft hineingeboren und in der man wesenhaft verwurzelt ist, wieder erlebt und angenommen werden. Und sie erfahren an sich selber, daß auch sie »beim Namen gerufen« und angenommen sind.

Die höchste sichtbare kosmische Manifestation des »Ich bin«, die der Mensch zu erkennen vermag, ist die Sonne. Eben darum steht die Sonne – sei es die Verehrung der geistigen Sonne, die der Christ Christus-Sonne nennt, oder die Anbetung der sichtbaren Sonne – im Zentrum aller Religionen.

Es sollte ein exoterischer und ein esoterischer Sonnenkult unterschieden werden. Im exoterischen wird mehr die mit den physischen Augen sichtbare Sonne angebetet, im esoterischen Sonnenkult wird das geistige Prinzip der Sonne verehrt. Besser gesagt: die Gottheit, die von der Sonnenscheibe verhüllt wird.

So heißt es in den Upanischaden: »O Sonne, der Wahrheit Antlitz ist verhüllt von deiner goldenen Scheibe. Entferne sie, auf daß ich Wahrheitssucher der Wahrheit Herrlichkeit erblicken kann.« [60, S. 5]

Exoterischen Sonnenkult bezeichnet man gerne als »primitive Naturreligion«, zumal unsere Sonne und unser Sonnensystem ja nur eines von ungezählten im Weltraum ist. Es sollte aber nicht übersehen werden, daß die Verehrung der Sonne als Naturerscheinung notwendig mit der Zeit zur Erfahrung der geistigen Sonne bereit macht, denn die Sonne ist eine auf allen Ebenen des Seins wirkende Kraft, die denjenigen führt und verwandelt, der sich ihr anbetend und verehrend zuwendet.

»DAS HEILIGE RAD, DAS SICH DREHT UND BEWEGT«

Auch die indische Religion und Geisteswelt steht im Zeichen der Sonne, wie wir schon sahen. Sie ist das Emblem Vishnus, des Herrn und Erhalters der Welt; er trägt das Sonnenrad in der Hand.

Das Sonnenrad ist in Indien auch das Symbol des Cakravartin, das heißt des Weltenkönigs und Weltenhirten. Heinrich Zimmer schreibt darüber:»Die Sonne, das Licht und Leben der Welt, scheint ohne Unterschied für alle gleich; so ist auch das Licht des echten Cakravartin – des Weltenkönigs – für alle. Seine Wirkungsmacht gleicht der erhabensten Naturerscheinung: sie ist die Erleuchtung des Menschen als König in vollkommener Ausgewogenheit von Vernunft, Gerechtigkeit, Gnade und Verständnis.« [67, S. 132]

Wer dächte dabei nicht an den Weltenkönig und Hirten der Christenheit, an die Christussonne! Aber auch an alle anderen Sonnengötter und heiligen Sonnenkönige, an die altamerikanischen Sonnenkönige, an Baldur, Ra, Amida und Mithras. Jedoch fallen einem auch Namen wie Nero ein, er nannte sich »sol invictus«; und es fallen einem auch die französischen Sonnenkönige ein.

Vom Gottessohn und himmlischen König bis zum machtgierigen, intoleranten Despoten hat die Geschichte der Menschheit alle Spielarten des Verstehens, Mißverstehens und Mißbrauchs des Sonnenkönigtums gesehen. [65]

Am altindischen Begriff des Cakravartin soll versucht werden, das ursprüngliche Wesen des Sonnenkönigtums, der Sonnennachfolge, wie sie auch alle weltlichen Herrscher antreten sollten, zu verstehen.

Cakravartin heißt »das Rad, das sich bewegt und dreht«, es wird also eine Eigenschaft des Sonnensystems als wesentliche Eigenschaft des Weltenkönigs zu dessen Name! Das heißt, der Weltenkönig, der inkarnierte Sohn, hat seinen Namen von seinem »Vater«, der Sonne, übernommen. So wird eine Einheit zwischen der Sonne, dem Sonnensohn und dem Weltenkönig gesehen. Christus sagte: »Ich und der Vater sind eins«! Die Christussonne, der Christus und Er, der die Sonne schuf, sind eins.

In einigen der großen Sonnenkulturen kann man noch nachweisen, daß der Schöpfergott, sein inkarnierter Sohn und der Weltkönig denselben Namen tragen; das ist im alten Peru zum Beispiel Viracocha.

Das Wort Cakravartin gibt uns den Schlüssel zur esoterischen Erfahrung der Sonne. Chakras werden – wie schon erwähnt – die Lebens- und Bewußtseinszentren im Menschen genannt, deren Entwicklung zur höchsten Erfüllung des Menschentums führt, zur Erleuchtung, zum sogenannten Samadhi, zur höchsten menschenmöglichen Sonnenklarheit.

Nicht nur die Praxis des Yoga, sondern die Übungen aller esoterischen Schulen, die in den großen Traditionen stehen, haben das Ziel, die Chakras zu entwickeln; sie haben das Ziel, das Bewußtsein des Schülers stufenweise zu erhellen, damit er zum vollen Bewußtsein der »Sonnenhaftigkeit« des Menschen findet. Bewußtwerdung ist ein Aufgehen des Verständnisses, ein Sichöffnen der Schaufähigkeit, ein ständiges Hellerwerden. Höchstes Bewußtsein ist absolutes Licht, absolute Einsicht.

Der Vorgang, der dabei geübt wird, ist von der Art, daß man von einem »Kreislauf des Lichtes« [21 u. 40] im Innern des Menschen spricht. Entwicklung ist nur möglich, wo Bewegung ist, und die Bewegung, die durch die Meditation ausgelöst werden soll, gleicht dem Kreislauf des Sonnensystems, ist eine Entsprechung für kosmische Vorgänge. Das Herz ist gleichsam die Sonne, »um die man kreist«.

Entwicklung ist Bewegung, Bewegung ist wellenförmige Schwingung, ist Vibration, und jede Art von Schwingung hat Lichtcharakter, gleich ob das unseren physischen Augen sichtbar ist oder nicht. Obwohl diese Gedanken auch vom Physikalischen her nicht anzuzweifeln sind, bedeutet die Vorstellung vom Kreislauf des Lichtes im Innern des Menschen für manchen zunächst eine Zumutung. Es wäre auch unsachlich, diese Behauptung ohne Beweise zu übernehmen. Beweise lassen sich aber nur erbringen, indem man sich dem praktischen Versuch unterzieht. Man muß es selbst erfahren – in wochen-, monate-, jahrelangem Mühen; die Zeit spielt hier keine Rolle, nur Geduld, Hingabe, Intensität und Ausdauer.

Gopi Krishna schreibt [36], daß man im Westen die religiösen mystischen Lehren vielfach einfach ignoriert und diese nicht im Bereich der Wissenschaft zugelassen hat, eine durchaus unwissenschaftliche Art, mit einem – wie er sagt – so hartnäckigen Phänomen umzugehen. Es wäre also notwendig, daß sich Gelehrte und Wissenschaftler für entsprechend lange Zeit bereit finden, sich den Übungen zu widmen, genauso wie dies auch bei anderen wissenschaftlichen Untersuchungen geschieht. Gopi Krishna betont, daß hierzu allerdings ein Geist der Hingabe und eine entsprechende ethische Haltung notwendig sind als Voraussetzung für das Gelingen.

Solange wir noch glauben, daß es sich hier um Suggestionen oder Einbildungen und Phantastereien handelt, können wir den Pfad schwerlich finden. Was wirklich wert ist, errungen zu werden, fällt einem allerdings nicht in den Schoß. Und wer eine Bergbesteigung einem mühelosen Spaziergang vorzieht, wird sich bald umschauen, was für Vorbereitungen für die Unternehmung notwendig sind.

Wir wissen einiges über unseren Blut- und Atemkreislauf; das ist aber nicht alles, es gibt auch jenen Lichtkreislauf. Und da Licht auf der geistigen Ebene Bewußtsein ist, kann man von einem Kreislauf des Bewußtseins sprechen, der mit Hilfe von Übungen der Meditation angeregt und erkannt werden kann; es ist das Kreisen des »Inneren Firmamentes«.

Auch durch die Lektüre von Dutzenden guter Bücher, so wertvoll die Informationen sein mögen, kann niemand sich darum herumdrücken, selber den Weg zu gehen, selber die vielleicht intellektuell schon erfaßte Hypothese zu verwirklichen. Bücher sind dabei so brauchbar und so unbrauchbar wie das Studium eines Kochrezeptes, wenn man hungrig ist. Wer seelischen Hunger hat, wird seelische Nahrung suchen und finden, und die ersten ahnungsreichen Erfahrungen machen Mut. Immer bewußter wendet man sich einem Ideal zu, und es wird der Tag kommen, an dem man auch dem geistigen Berater oder dem Lehrer begegnet, der einem die notwendige »Entwicklungshilfe« zuteil werden läßt. Dieser »Hunger« ist allerdings eine Voraussetzung, um den Weg suchen und gehen zu können. Jedoch gibt es auf dem Weg auch Gefahren, denn Hunger wird allzu leicht gierig, auch der seelische. Er kann nur gestillt werden, wenn man immer verzichtender, hingebender und uneigennütziger wird.

Die Sonne in unserem Innern – das ist für viele zunächst ein unbegreifliches und wunderbares Phänomen. In den Veden sind immer wieder Anrufungen der Gottheit zu finden, deren Essenz man so formulieren könnte: Möge die Sonne Wohnung nehmen im Leibe! Und vom Kreisen des Lichtes heißt es, und dies sollten wir unterstreichen:

»Das Selbst, in dem die Sonne aufgeht
und in dem sie untergeht,
dies allein setzt der Weise sich zum Ziel.« [60, S. 129]

Das Herz wird in den Upanischaden auch als der Strahlenthron des Allmächtigen bezeichnet [60, S. 62]. Der Allmächtige, das ist Brahman, der höchste Gott, es ist das wahre Selbst. Da heißt es: »Der aus sich selbst erstrahlt, Brahman, er wohnt im Herzen aller, ist Zuflucht aller, ist das höchste Ziel.« [60, S. 60]

In diesen Zitaten liegt die Essenz der Yoga-Lehre, die Essenz des Ursprungs, des Weges und des Zieles aller Bemühungen um die Entfaltung höchsten Menschentums.

DIE CHAKRAS –
PFORTEN ZUM LEBENSGEHEIMNIS

»Er, das Selbst im Menschen, und Er, das Selbst in der Sonne, sind Eines.« [60, S. 84]
Selbstverwirklichung ist ein Schlagwort unserer Tage geworden, oft mißbraucht und oft mißverstanden. Wie könnte es auch ganz verstanden werden, ehe das »Selbst« tatsächlich verwirklicht wurde! Wir müssen froh sein, wenn es jedenfalls dann und wann ahnungsweise am Horizont des inneren Bewußtseins auftaucht.

Selbstverwirklichung bedeutet nichts anderes als die zunehmende Bewußtwerdung des Selbst als der dem Menschen innewohnenden »Sonne«. Nur allzu oft wird die Selbstverwirklichung heute sogar von psychologisch geschulten Personen mißverstanden als eine Selbsterkenntnis, in der das mögliche und tatsächliche Dunkle, das im Menschen mehr oder minder latent vorhanden ist oder das ihn von außen bedrängt, bewußt gemacht wird. Es wird dabei übersehen, daß dadurch das sogenannte Dunkle aktiviert und geradezu großgezogen wird! Das hat jedoch mit Selbstverwirklichung überhaupt nichts zu tun, denn das wahre Selbst ist Licht und hat die Kraft des Lichtes, also reinigende und erhellende Kraft! So wendet sich ernstzunehmende Meditation, die auf der klassischen Überlieferung der religiösen Psychologie basiert, von Anfang an bewußt den Meistern des Lichtes zu. Das führt keineswegs zu »Verdrängungen«, wie oft befürchtet wird, sondern mit der Zeit werden auf diese Weise die Wolken des Zweifels, der Furcht und der Unwissenheit, die Dunkelheiten des Gemütes und des Geschickes buchstäblich aufgelöst – und das leuchtende und erleuchtende Licht vollzieht sein Werk am Meditierenden. So lehren es die großen Bücher der Menschheitsüberlieferung – und so lehrt es die Erfahrung derer, die auch heute den Pfad gehen.

Im Menschen liegt unendlich viel verborgen, was ans Licht drängt. Statt dessen fühlt er sich, um noch ein modernes Schlagwort ins Feld zu führen, frustriert. Dieser Begriff wurde von Sigmund Freud in die Diskussion gebracht und bedeutet, daß ein unausgelebtes Triebleben uns in einer Gefangenschaft hält, die unsere Entwicklung blockiert.

Es gibt im Menschen eine Antriebsdynamik, die keineswegs nur im herkömmlichen Sinn aus der sexuellen und vitalen Sphäre stammt, sondern aus sehr viel subtileren Bereichen gespeist wird. Diese Energiezentren im Menschen könnte man mit einem lebendigen Motor vergleichen, der den Lebensprozeß in Fluß hält – den Kreislauf der Säfte, des Atems, des Lichtes. Diese Energiezentren, die Chakras, hat man auch als Schaltstellen zur metaphysischen Sphäre bezeichnet.

In der Überlieferung werden im wesentlichen sieben Haupt-Chakras unterschieden, für deren Sitz im physischen Körper allerdings nur gewisse Entsprechungen vorhanden sind, denn sie sind keineswegs identisch mit Drüsen oder Nervengeflechten, da sie dem unsichtbaren Feinleib des Menschen angehören. Am bekanntesten sind bei uns heute der sogenannte »Solar« – in Unterscheidung zu dem medizinischen Begriff des plexus solaris –, sein Sitz ist in der Magengegend, und das »dritte Auge«, sein Sitz ist hinter der Stirn zwischen den Augenbrauen.

Im allgemeinen wissen diejenigen, die sich für Meditation interessieren, und vor allem jene, die Yoga betreiben, heute einiges über die Chakras; in der esoterischen Literatur wird viel darüber geschrieben. Jedoch gibt es manche Fehlinformationen, sei es, daß der Autor keine eigene oder nur eine unzureichende Erfahrung hatte oder daß er subjektive Eindrücke als verbindlich hinstellt, wodurch es zu allen möglichen Täuschungen und Verirrungen kommt. Da kaum jemand davor gefeit ist, kann man auf diesem überaus subtilen, letztlich dem Wort unzugänglichen Gebiet nicht behutsam genug sein. Auch sollte man sich mit den Chakras gar nicht intensiver befassen, ehe die eigene Entwicklung nicht eine bestimmte Stufe erreicht hat. Wer zu viel über diese Dinge liest, gerät zudem in eine falsche Erwartungshaltung. Außerdem versäumt er oft wertvolle Zeit, die er für seine eigentliche Entwicklung besser nützen könnte.

In der gegenwärtigen Phase der Menschheitsentwicklung entfalten die meisten Menschen – allerdings im allgemeinen unbewußt – lediglich die unteren Chakras, also nur jene psychischen Potenzen, über die auch das Tier mehr oder weniger verfügt. Manche aber entwickeln auch das mittlere Chakra, den Sitz der psychischen Herzkraft; es ist das erste, das den Menschen tatsächlich zum Menschen machen kann; hierüber wird später noch einiges zu sagen sein. Und sehr wenige entfalten die drei oberen Chakras, die Repräsentanten der geistigen Kräfte, Sitz des geistigen Bewußtseins, der geistigen Schaufähigkeit.

Wenn hier von »oben« und »unten« die Rede ist, so liegt darin nicht eine Entwertung des »unteren« Menschen oder eine Entwertung der Geschlechtlichkeit des Menschen. Es geht nicht um eine moralische Wertung der Stufen und Ziele, sondern um die Frage der inneren Entwicklung, bei der jeder einzelne der eigenen Stufe und den eigenen Möglichkeiten gerecht werden sollte.

Mit dem »Oben« und »Unten« wird lediglich zum Ausdruck gebracht, daß es auf der Stufenleiter der Persönlichkeitsentwicklung, beim Aufsteigen des Bewußtseins, zweifellos nicht leicht ist und mancher Anstrengung bedarf, die obersten Sprossen, also die Sphäre des Geistigen, zu erreichen, wobei dieses nicht mit den Kräften und Fähigkeiten des Intellektes verwechselt werden darf.

Zu allen Zeiten der Menschheitsgeschichte schaute der Mensch – einem inneren Gesetz folgend – aufwärts in die »himmlischen Regionen«, erfuhr er die Befreiung von irdischer Fesselung und Leidverkettung in »höheren Regionen«. Noch verhaftet dem Mineralreich, dem Pflanzenreich, dem Tierreich, hat der Mensch die Sehnsucht und Fähigkeit – mehr noch: die Aufgabe! –, sich dem Reich des Geistes zuzuwenden, Brücke zu werden zwischen Erdenwelt und Himmelswelt.

Es ist symptomatisch, daß das Tier den Kopf noch suchend über die Erde führt, der Mensch aber hebt die Augen auf »zu den Bergen«. Er trachtet danach, die in ihm angelegten geistigen Möglichkeiten zur Entfaltung zu bringen. Und auf die Urfrage des Menschen, auf das »Wer bin ich?«, kann letztlich nur dann eine einsichtige Antwort gefunden werden, wenn diese alle sieben Sphären des Menschenmöglichen umgreift, dann nämlich, wenn der Wahrheitssucher auf der Stufenleiter, der Jakobsleiter, nach oben geklommen ist. Es ist die Aufgabe des Menschen, aufrecht zu stehen, aufrecht zu gehen, den Kopf »oben« zu tragen.

So führt die Entwicklung der Chakras, d. h. die Methode und die spezifischen Übungen, um den »Kreislauf des Lichtes« in Gang zu setzen und zu unterstützen, den Meditierenden seinem eigentlichen Lebensziel entgegen.

GEFAHREN DER MEDITATION?

Immer wieder werden Warnungen laut, die Meditation sei gefährlich. Das Meditieren ist dem Menschen jedoch genauso natürlich wie das Denken und die Konzentration. Wenn sich jemand über etwas aufregt oder ärgert und diese Belastung oft nicht so bald wieder los wird, so darum, weil er sich – ohne es zu wollen – intensiv darauf konzentriert und keine andere Empfindung daneben Platz hat. Meditation aber schult den Menschen, sich mit dem zu befassen, womit er sich befassen will; an das zu denken, wofür er sich entscheidet.

Die Vertiefung in einen Gedanken oder in eine Empfindung führt – bewußt oder unbewußt – oft sogar zu einer Identifizierung mit dem Gegenstand der Vorstellung – manchmal mehr als einem lieb ist, dann nämlich, wenn es sich um ungute Gedanken und Bilder handelt oder um eine unerfreuliche Eigenschaft eines Mitmenschen, die man dadurch sogar selber übernimmt.

In der geistigen Schulung wird daher besonderes Gewicht auf die Reinigung der Gefühle, der Gedanken- und der Bilderwelt gelegt. Hierzu entwickelten die Religionen die verschiedensten Rituale wie Waschungen, Bußübungen, Reinigung durch Feuer, Atemübungen etc. Reinigung wird als Heiligung verstanden.

Man lernt, seine Zeit nicht mehr mit lästigen und überflüssigen, ja schädlichen Gedanken zu vertun, sondern sich auf Wesentliches und Helfendes zu konzentrieren. Meditation kann also zu einem geschulten, bewußten Denken führen. In der Meditation haftet man mit der Zeit nicht mehr an der

Schale der Dinge, sondern versucht, ihr Wesen zu erfassen; man strebt von der Peripherie fort in das Innere, zum Wesentlichen.

Ist das alles gefährlich? Es ist so gefährlich oder ungefährlich wie das ganze Leben gefährlich oder ungefährlich ist; allerdings ist jedes Denken, Sprechen und Handeln dann gefährlich, wenn es aus unguten Impulsen geschieht, mit denen wir unsere eigene Atmosphäre und unsere Mitmenschen vergiften und oft buchstäblich kränken.

Und die Übungen der Meditation, sind die nicht gefährlich? Nun, es ist für einen Nichtschwimmer gefährlich, ins tiefe Wasser zu springen, und für ein kleines Kind nicht gut, mit gläsernen Gegenständen zu spielen. Genauso gibt es auf dem Pfad des inneren Lebens Gesetze, die man befolgen sollte, und sie entsprechen im Grunde genommen genau denen des äußeren Lebens, auch werden sie einem immer wieder deutlich genug gesagt und gezeigt. Man muß nur die Bibel aufschlagen; da steht in den Zehn Geboten und vor allem auch in der Bergpredigt alles, was grundsätzlich zu beherzigen ist.

Weit gefährlicher als zu meditieren ist es, im Dunkeln zu bleiben, nicht zu meditieren, nicht zu beten. Vor den Gefahren einer fehlgesteuerten Meditation kann einen ein erfahrener geistiger Berater, vor allem aber der wahre Lehrer – ein Guru, Murshid oder Priester – bewahren, das heißt also eine Persönlichkeit (und der Titel schützt nicht vor Irrtümern!), die die Prüfungen des Pfades bestanden und eine hohe Einweihung in der Kette der Lehrer empfangen hat. Es gibt auf diesem Gebiet heute im Westen soviel Ahnungslosigkeit und Unwissenheit, soviel Schwärmerei, voreilige Gelübde und Versprechungen, daß doch versucht werden sollte, das Wesentliche des geistigen Pfades und einer möglichen Lehrer-Schüler-Beziehung bewußt zu machen. Dies sind also ganz allgemeine Hinweise, die – ohne einer bestimmten Schule das Wort zu reden – manchem vielleicht dabei helfen können, seinen geistigen Lehrer zu erkennen. Hier gibt es viele große Traditionen, und jeder der Lehrer sieht auf zu einer Reihe verehrter geistiger Ahnen.

Der geistige Lehrer gibt und vermittelt einem vor allem auch Schutz und Hilfe. Da man in der Vertiefung des seelischen Lebens empfindungsfähiger wird, erhält man gleich zu

Beginn der Schulung die so notwendigen und wirksamen Schutzübungen, um immer gefestigter auch im täglichen Leben stehen und bestehen zu können.

Der Lehrer weiß auch, warum dem Schüler diese oder jene Übung gegeben werden kann oder muß, beziehungsweise welche Übung er ihm anvertrauen kann; der Priester weiß, warum der Gläubige diese und jene Rituale und Gebetsanweisungen braucht. Ohne solche Leitung und Anleitung verirrt man sich leicht und vertut seine Zeit mit überflüssigen Umwegen. Aber der Lehrer kann nur helfen, wenn man offen ist für den Rat und ihn befolgt.

Mancher neigt zur Trägheit und nimmt nur tropfenweise die seelische Kraft auf, die man benötigt und die einem bei richtiger innerer und äußerer Haltung in Fülle zuströmt.

Andere neigen zum Übereifer, wodurch man leicht den Boden unter den Füßen verlieren kann. Wie mancher schadet sich heute mit eigen-willigen Atemübungen und übertriebener Askese! So braucht jeder die ihm gemäßen Übungen, um in einem immer stabileren Gleichgewicht zwischen äußerem und innerem Leben seinen Weg zu finden.

Oft sind Suchende heute unglücklich oder sogar verzweifelt, wenn sie noch keinen jetzt lebenden Lehrer gefunden haben, und es kommt auch zu übereilten Entschlüssen. Man wird seinen Pfad aber früher oder später finden, wenn die Sehnsucht tief und stark genug ist und die übrigen Voraussetzungen erfüllt sind: Geduld, Ausdauer, aufrichtiges Streben und manches mehr. Jeder Tag, jede Stunde der Selbstbesinnung und Andacht ist kostbar – oder seien es manchmal auch nur Minuten, in denen man sich immer intensiver dem inneren Ziel zuwendet.

Es ist dem Menschen eingeboren, sich einem Ideal zuzuwenden, einem Wunschbild, das höher ist als das, was er selber bislang erreichen konnte. Es ist das dem Menschen so natürlich, daß er sich in einer Zeit, in der die Allgemeinheit nicht mehr höheren Idealen nachstrebt, sein Ideal auf anderen Ebenen sucht. Da wird eine Sportgröße verehrt oder ein Fernsehheld angebetet oder sogar jemand bewundert, der sich in unguter Weise hervorgetan hat, ein »negativer Held«.

Die verehrte Persönlichkeit, der Meister oder der Heilige aus der Vergangenheit, dem man sich auf dem Pfad zuwendet, wird einen zum eigenen Leitbild führen. Je höher das Vorbild, desto mehr muß die Seele sich strecken, um ihm zu folgen. Demut, Ehrfurcht, Dankbarkeit – alle diese scheinbar aus der Mode gekommenen Tugenden – und eine immer mehr wachsende Liebe sind die geistigen Voraussetzungen, die dem Wahrheitssucher den Weg bahnen. Wer anders sucht, wird ein anders geartetes Leitbild finden, nicht aber ein solches, das auf den »Lichtpfad der Menschheit« führt.

Es ist nicht wichtig, ob man in diesem Leben diesen oder jenen Grad, diese oder jene Stufe der Entwicklung und Einweihung empfängt. Mancher verbaut sich den Weg, weil er am liebsten sofort »erleuchtet« wäre – dabei ist der innere Funke vielleicht noch verschüttet. Mancher hält auch gewisse Lichterlebnisse für die Erleuchtung. Erleuchtung ist aber ein Geschenk, das – auf der gegenwärtigen Stufe der Menschheit – nur ganz wenigen schon in diesem Leben zuteil wird. Ist die Erleuchtung also doch ein vom Streben und Mühen des Menschen unabhängiges Geschenk? Angelus Silesius sagt: »Es ist zwar wahr, daß Gott dich selig machen will / Glaubst du, er will's ohn' dich, so glaubest du zu viel.« [53, S. 74]

Es ist auch zu bedenken, daß diejenigen, die das Tor der Erleuchtung durchschritten haben, auf den allerverschiedensten Stufen der geistigen Hierarchie und Entwicklung stehen. Die Unterschiede können nur von dem erkannt werden, der selber eine hohe Stufe erreicht hat – der aber wird sehr behutsam umgehen mit seinem Wissen. Wer sieht, der sieht, und wer nicht sieht, der kann auch noch nicht wissen: Kenntnis ohne Erkenntnis ist auf diesem Gebiet meist zum Schaden. Was wir auf dem Pfade wissen sollen, wird uns gezeigt. Neugier und Übereifer aber schließen alle Pforten zu.

Wichtig ist allein, daß man – auf welcher Stufe man auch stehen mag – allen oft sehr schweren Hindernissen und Prüfungen zum Trotz die richtige Gesinnung entwickelt und beibehält. Und ein aufrichtiges und mit Herzkraft gebetetes Vaterunser ist mehr wert als eine nur technisch befolgte, aber seelisch nicht erfüllte und vielleicht noch dazu unzweckmäßige Meditation. Ein regelmäßiges Gebetsleben erschließt langsam und stetig die inneren Quellen und Kräfte. Auch lernt man bald die Feinde des seelischen Lebens kennen, die Verworrenheit des Gemütes, ungute Gedanken, egoistische Wünsche. Wie wird man damit fertig? Ein »reines Herz« ist noch immer der beste »Schutz und Schirm vor allem Argen«.

In der altindischen Rig–Veda heißt es:

»Das liebeweckende Licht des Allbelebers,
des Göttlichen Wonnewesens, wollen wir
(meditierend) in uns hineinnehmen,
es gebe uns den Antrieb
zum (andachterfüllten) Denken.« [44]

Hier wird wieder gesagt, wie in der Meditation das Licht und die Liebe im Menschen erweckt werden können, seine innere Sonne, sein Herz und damit Erkenntnis und Glückseligkeit. Der Sufi-Meister Al Ghazali (1059–1111) schreibt: »Das Herz ist das Organ der Erkenntnis Gottes. Das Herz ist geschaffen für die jenseitige Welt, und seine Aufgabe ist das Suchen seiner Glückseligkeit. Seine Glückseligkeit aber besteht in der Erkenntnis Gottes. Die Erkenntnis Gottes erlangt das Herz durch die Erkenntnis der Werke Gottes. Diese gehören der Sinnenwelt an, und daher erlangt das Herz die Erkenntnis der Wunder der Welt durch die Sinne... Das ist der Grund, warum das Herz des Leibes bedarf...« [2, S. 38]

Es sei abschließend auf zwei konkrete Gefahren in der Meditation hingewiesen: In der Praxis soll keinesfalls die Sonne und zunächst auch keinesfalls das Herz meditiert werden. Wenn man die Sonne meditiert, kann es zu ernsten Störungen, ja inneren Verbrennungen kommen. Es wird doch ausdrücklich vom inneren Kreislauf des Lichtes gesprochen, und so wendet der Schüler sich in der Meditation dem ihm innewohnenden Licht zu – unbeirrt davon, daß er zunächst vermutlich nichts weiter wahrnimmt als relative Dunkelheit und von einem Kreislauf nicht das geringste bemerkt. Man darf nichts übereilen und muß keine Sorge haben, das Licht könne sich einem nicht enthüllen. Zunächst ist es gut, wenn man es sich als Göttlichen Stern vorstellt, der über dem Scheitel leuchtet und dessen Strahlen man mit dem »Solar« (in der Magengegend) auffängt. Von dort steigt es seiner Natur gemäß nach oben, und von dorther taut es seine Kraft durch den ganzen

Menschen, wenn man nur in der richtigen inneren Haltung übt. Oder man kann sich auch vorstellen, daß das von oben kommende Licht einen überströmt und durchströmt.

Genauso gefährlich wie eine direkte Sonnenmeditation kann für den Anfänger die Konzentration auf das Herz sein, da der Schüler, im Wunsch, dieses Chakra zu entwickeln, sich auf das physische statt auf das psychische Herz, das er meistens noch gar nicht bewußt fühlen kann, konzentriert. Das kann zu Herzbeklemmungen und Herzjagen führen, auch zu unliebsamen Verkrampfungen. Diese Gefahr besteht auch beim unrichtig geübten Herz-Jesu-Gebet, das heute – auch bei Nichtkatholiken – wieder sehr verbreitet ist. Je mehr man sich dem Göttlichen zuwendet und still und gelassen »nach oben« öffnet, desto eher kommt man auch zu einer Erfahrung des seelischen Herzens. Es ist die Liebe, die das Licht befreit.

Jeder Augenblick des Lebens, jeder Atemzug, ist eine Chance, dem Ziel näherzukommen.

»Geistige Vollendung ist das wahre Ziel des Menschen.« [30, G. S. 76] Und so sagt der römische Kaiser Marc Aurel (121–180 n. Chr.) in seinen immer in bezug auf die kosmischen Ordnungen, in Hinblick auf das All geführten Meditationen: »Wir alle streben doch zusammen auf ein gemeinsames Ziel hin, einige mit Wissen und Verstand, andere jedoch instinktiv; so, glaube ich, nennt Heraklit sogar die Schläfer Arbeiter und Mitarbeiter am Geschehen in der Welt. Jedoch arbeitet jeder auf eine andere Art mit, zu allem Überfluß sogar die Nörgler, die allerhand am Lauf der Dinge auszusetzen haben, die sich dagegen stemmen und das Geschehen verhindern möchten. Denn auch solcher Tröpfe bedurfte der Kosmos! Nun entscheid' dich, zu welchen du dich gesellen willst! Denn der Lenker des Alls wird dich auf jeden Fall richtig zu verwenden wissen und wird dich unter seine Mitarbeiter und Helfer einreihen.« [39, S. 75, 42]

SINN UND ZWECK DES LEBENS

»Der Sinn des Lebens besteht darin, daß es keinen Sinn hat zu sagen, daß das Leben keinen Sinn hat«, sagt der Philosoph und Physiker Niels Bohr. Ist das nur eine Spitzfindigkeit? Der Zweck des Lebens – ist das Leben selber. Ist das nur eine Banalität? Der Zweck des Lebens ist das Leben, und das Wesen des Lebens ist Liebe und Licht. Das klingt so selbstverständlich, als könne sich eigentlich jeder ganz einfach danach richten. Macht man sich aber einmal nüchtern klar und prüft sich selber, wie stark und eingewöhnt die Lust am Unguten ist, wie verbreitet das Vergnügen an sogar schneidender Kritik, dann beginnt man zu verstehen, daß die Hinwendung zum wirklichen Leben ein gar nicht so leicht vollziehbarer Schritt ist. Die Konzentration auf Klage und Anklage, auf Pessimismus, Schwarzseherei ist eine weitverbreitete und bevorzugte Einstellung. Sie steigert sich oft zu einer geheimen, meist unbewußten Lust am Leid und sogar am Tod. Diese gedankenlos ins Dunkle gerichtete Sucht treibt den Menschen zu immer neuen Leiden und zur Krankheit, ja bis zur Verzweiflung und zum Selbstmord. Ein gesunder Selbsterhaltungstrieb mahnt uns jedoch, aufzuwachen und zu verstehen, daß die entschlossene »Umkehr«, die Wegwendung von dieser negativen Gerichtetheit unabdingbar notwendig, lebensnotwendig ist. Diese »Umkehr« gilt von altersher als der erste, entscheidende Schritt auf dem Pfad.

»Sei Herr über Atem und die inneren Kräfte,
Entflamme das Selbst in dir durch Meditation!
Sei trunken vom Wein der Göttlichen Liebe!
So wirst du Vollkommenheit erlangen.« [60, S. 185]

Diese durchaus konkret zu verstehende Anweisung geben die Upanischaden. Es braucht jedoch mehr als ein Leben, um die Wirklichkeit – das Wirkende! – dieser Erkenntnis ahnend zu erfassen, und braucht noch unendlich viel mehr, um mit dem Licht dieser Erkenntnis alle Dunkelkammern des Daseins zu erhellen, zu erleuchten, zu befreien.

Die Liebe ist der Schlüssel zu allen Lebensgeheimnissen! Aber sehr weit ist der Weg von der besitzenwollenden, besitzergreifenden Liebe bis zu selbstloser Hingabe. Erst in der Hingabe findet man das Selbst. Meditation ist Hingabe und zugleich Hinwendung. Wieder ein Paradoxon, das einem jedoch keine Schwierigkeiten mehr bereitet, sobald man die ersten konkreten Erfahrungen auf dem Pfade gemacht hat.

In den Upanischaden heißt es:

»Auf ... den Bogen ohne Gleichen
Leg du den scharfen Pfeil hingebender Verehrung;
Und dann, versenk in Gott das Herz voll Liebe,
Schnell ab den Pfeil und triff das Ziel:
Brahman (das Selbst), den Unvergänglichen.« [60, S. 61]

»Schnell ab den Pfeil und triff ins Ziel!« Immer von neuem sammelt der Mensch, seit Urzeiten, seine ganze Kraft und Sehnsucht, legt den Pfeil auf die Sehne und schnellt ihn ab – verfehlt das Ziel – trifft das Ziel – sucht das Ziel –.

Das ist die hohe Kunst des Bogenschießens, wie sie – bildlich gesprochen – alle esoterischen Schulen kennen und üben. In Japan wurde und wird sie bekanntlich mit einem konkreten Kult des Bogenschießens erlernt. Europa verdankt vor allem Eugen Herrigel die Kenntnis dieser japanischen Zen-Methode. Er schreibt, die Auseinandersetzung bestehe darin, daß der Schütze »auf sich selbst – und wiederum nicht auf sich selbst – zielt, daß er dabei vielleicht sich selbst – und wiederum nicht sich selbst – trifft und somit in *einem* Zielender und Ziel, Treffender und Getroffener ist.« [26, S. 14]

In der Überlieferung der mystischen Sufi-Dichtung schreibt der Meister Jelal-ud-din Rumi (1207–1273):

»Verlaß die Welt, so bist du Herr der Welt,
Geh aus dir selbst, so bist du Gott gesellt.
Gib dich, ein Pfeil, dem Bogen deines Herrn,
Auf daß er dich nach seinem Ziele schnellt.
Wachse, du Korn, und werde Ährenfeld,
Dann laß dich mäh'n am Tag der Sense gern
Und werd' im Feuerofen Brot der Welt –
Verlaß die Erde freudig. Werde Stern!« [41, S. 12]

Wir möchten wohl Brot für die Welt werden – aber sind wir bereit für den Feuerofen? Wir möchten wohl dem Ziele zuschnellen – aber sind wir bereit, uns auf den Bogen des Herrn legen zu lassen? Und wollen wir denn die Welt verlassen? Sind wir in der Lage, auch nur ahnungsweise zu erfassen, was es heißt, in der Welt zu leben, aber nicht von dieser Welt zu sein? So scheuen wir immer wieder vor dem Pfad zurück – um in einer guten Stunde dann doch wieder mit ganzer Kraft vorwärts und aufwärts zu streben. Auch wird keiner Seele eine Last auferlegt, die sie nicht tragen könnte! – so verheißen die Heiligen Schriften.

Werde Stern! Im 80. Psalm heißt es: »Gott, tröste uns, und laß leuchten dein Antlitz« – als sei Gott ein Stern oder die Sonne.

Die Botschafter Gottes werden tatsächlich auch als Sterne angesehen, heißt es doch bei Daniel (12,3): »Die Lehrer aber werden leuchten wie des Himmels Glanz ... und wie die Sterne immer und ewiglich.« Darum trägt Zarathustra seinen Namen, der »Leuchtender Stern« bedeutet, Zoro-aster. Und im Ägyptischen Totenbuch heißt es: »Gleich einem Stern glänze ich unter Sternen. Nein, nicht werd' ich drüben getilgt, noch wird mein Name gelöscht.«

Werde Stern! Wer wagt es, auf seinem kleinen, mühsamen Erdenpfad das Ziel so hoch zu stecken?! Wir müssen froh sein, wenn der geheime Lichtfunken im Herzen nicht erlischt, sondern frei gelegt wird und anfängt, etwas heller zu leuchten. Bei dieser Arbeit jedoch, in der wir den Zweck unseres Lebens erfüllen, fand der Mensch zu allen Zeiten Trost und Kraft im Aufblick zu den Meistern – und zu den Sternen; und in der Meditation hat so das Bild des Sterns führende Kraft. Ein Sufi-Meister lehrte die Anrufung: »Möge der Stern des Göttlichen Lichtes sich widerspiegeln in den Herzen Deiner Getreuen.« [30, G. S. 110]

KULTURMENSCH UND RELIGION

Immer wieder taucht die Frage auf, ob die Entwicklung der Menschheit und die eigene, persönliche Entwicklung sich nicht auch recht gut ohne Religion vollziehen könnten. Es gilt zunächst zu klären, was wir unter »Religion« verstehen.

Was man »Religion« nennt, ist die Summe der Erfahrungen, die die Menschheit bei ihrem immer neuen Suchen und Versuchen, die Sonne der Wahrheit zu entdecken, gemacht hat. Was man »Religion« nennt, umgreift die Summe der Erfahrungen, die die Menschheit bei ihrer Reise ins kosmische Binnenreich des kreisenden Lichtes gesammelt hat. Und in den Konfessionen und ihren Kulten spiegelt sich dies in den verschiedensten Formen.

Alle Menschen meinen denselben Einen Gott, doch jeder erlebt, sucht und findet ihn anders.

In dem immensen, urgewaltigen, unendlichen Binnenreich zeigt sich die archetypische – also ursprüngliche – *und* die aktuelle Einheit des Menschen im Kosmos.

Um den Weg in dieses Binnenreich gangbar zu machen, haben die Menschen viele kostbare Hilfsmittel erfunden, besser gesagt: sie haben gewisse Gegebenheiten und Möglichkeiten auf dem Wege gefunden und mit ihrem Bewußtsein und ihrem Herzen und ihren Händen aufgegriffen, Möglichkeiten, die ihnen als Wanderstab und Wegzehrung dienen. Sie fanden Wanderschuh und Pilgerhut, Pfeil und Bogen, Lieder und Tänze, Dienen und Beten, Arbeit und Opfer und vieles mehr.

Diese Mittel, die den Weg wegsam machen, finden ihre Gestaltung im täglichen und im gottesdienstlichen Kult, im rituell geordneten Gebetsleben, in den verschiedensten Andachts- und Meditationsformen. Und zu diesen Mitteln gehören nicht zuletzt die Bilder und Symbole. Das Kultbild spiegelt sinnfällig die äußere *und* die geistige Welt. So kann man von der Sonne sagen: Sie ist Wirklichkeit in der sichtbaren Natur und zugleich Symbol, sie ist Mythos und Gleichnis und ist geistige Wesenheit.

Daher ist das Abbild in der Kunst Brücke zum Inbild und weckt im Betrachter die entsprechende innere Kraft und Sehnsucht. Kunst und Religion bilden in den Hochkulturen eine Einheit, indem sie beide dem Menschen helfen, den Pfad zu finden und zu gehen.

Was ist denn eigentlich Kultur? Das lateinische Wort »cultura« bedeutet: Anbau, Pflege, Ausbildung, tätige Verehrung. Und in diesem Sinne sollen der Mensch und die Erde kultiviert werden.

Wie aber wird angebaut, gepflegt, wie ausgebildet und tätig verehrt? Hier hat jedes Volk und jede Epoche ihre eigene Antwort, die sich in der Gesamtheit der Lebensweise darstellt, im Arbeitsleben, im Kult, in allem Denken, Sprechen und Handeln.

Die Erde ist dem Menschen anvertraut gleich einem Garten, in dem er Gärtner sein soll, wie der Weingärtner im Weinberg, wie der Bauer auf dem Feld. Aber im Innern des Menschen befindet sich ein ebensolcher Garten, und hier soll die seelisch-geistige Natur kultiviert, gepflegt und ausgebildet werden.

Wie schon ausgeführt, ist der Mensch als Brücke zwischen Himmel und Erde zu verstehen; das heißt, mit den physischen Sinnen der Erde verbunden, mit den geistigen Sinnen über die Erde hinausschauend und -strebend; so sieht er im Aufstieg zu subtileren Welten und Erfahrungen sein eigentliches Wesen bestätigt und entfaltet. Dieser Aufstieg geschieht durch Praktiken, die den ganzen Menschen betreffen, das heißt, durch inneres und durch äußeres Wirken und Arbeiten. So versteht sich der Kulturmensch!

Nachdem das Wort »cultura« – es sei wiederholt – sowohl Anbau als auch tätige Verehrung bedeutet, sind hier die beiden Pole des schöpferischen Wirkens – Innen und Außen – gemeint. Und so wie in diesem Wort die beiden Pole vereint sind, vereint sie jede große Kultur in ihrer ganzen Lebensweise. Das heißt die Arbeit auf dem Feld, Aussaat und Ernte, ist ebenso tätige Verehrung wie das Bemühen um geistige Entwicklung, die Arbeit auf dem inneren Feld.

Im Kult ruft, verehrt, feiert und erfährt man die Gottheit – der Kult ist die höchste Form des Werkes, des Wirkens, des Opus. In dem Wort Opus steckt das Wort Opfer (das Wort »opfern« ist ein Lehnwort aus dem lateinischen operari, »werktätig sein, wirken, tun«, das im religiösen Sprachgebrauch heute eine gottesdienstliche Handlung bedeutet [47, S. 36]) – aber jede Arbeit sollte Opus, Opfer, also Gottesdienst sein. Opfer ohne den fatalen Beigeschmack von schmerzhaftem Verzicht und Resignation.

Werken bedeutet Wandeln, gutes Werken ist ein Steigern, die Wildnis wird zum Garten, das Lied wird zur Hymne, das Mahl zum »Abendmahl«.

»Wenn wir die Völker der frühen Hochkulturen in ihrer geistigen Haltung betrachten – die Sumerer, die Chinesen oder die Inder –, so finden wir eine alles beherrschende Idee: Ihr Denken und Tun, ihr Dichten und Trachten, ihre Religion, ihre Sage, ihre Kunst, ihr Zeremoniell, ihre Riten und Feste, kurz ihre gesamte Lebensgestaltung bis ins allerkleinste, bis auf Farbe, Form, Ornament des letzten Gebrauchsgegenstandes ist tausendfältig davon erfüllt und bestimmt: Die Idee einer Harmonie zwischen Himmel und Erde, Oberem und Unterem, Makrokosmos und Mikrokosmos, Gott und Mensch, Ewigem und Zeitlichem. Diese Harmonie ist grundsätzlich gegeben, aber, soweit sie den Menschen betrifft, doch mehr der Möglichkeit nach vorhanden als tatsächlich verwirklicht. Aufgabe des Menschen, sein Lebenszweck und seine eigentliche Würde ist, sie allezeit und in allen Dingen, im Größten wie im Kleinsten, zu erweisen und zu erwahren. Dadurch wird er zum Mitschaffenden am harmonischen Weltgeschehen, zum Partner der Gottheit.« [52, S. XLIX]

Mit diesen Worten hat Julius Schwabe Wesen, Aufgabe und Weg des Kulturmenschen klar und knapp umrissen.

Und was hier für die Träger der versunkenen Kulturen galt, das gilt auch heute. Es ist von universaler Gültigkeit, es ist die Grundlage für die Möglichkeit einer humanen Universalität, wie Jean Gebser es formuliert hat. Der Kulturmensch ist der verantwortlich in der Gemeinschaft stehende einzelne: ».. . alles, was von irgendwelcher Reichweite sein soll, muß im Einzelnen beginnen und durch den Einzelnen verwirklicht werden. Es gibt keinen anderen Weg der Verwirklichung, es gibt keine Änderung der Institutionen oder der herrschenden Mentalität, es gibt keine wie auch immer geartete Besserung auf welchem auch immer in Betracht gezogenem Gebiete, wenn der Ansatzpunkt zu einer Klärung und zu einer allgemeinen Wandlung nicht in den Einzelnen verlegt wird. Diese Tatsache verlangt Opfer von jedem, die manchem desto schwerer ertragbar sein mögen, als der Unvernünftigen und der Egoisten immer noch genügend bleiben, die ohne derartige ›Opfer‹ gut, wenn nicht ›besser leben‹.« [18, S. 168]

Die Möglichkeit zu einer »abendländischen Wandlung« (Gebser) im Sinne der humanen Universalität liegt also in der Hand jedes einzelnen.

DEM GESETZ DER STERNE AUSGELIEFERT?

Der Mensch im Kosmos – das ist der Mensch, der nicht nur dem Gesetz der Erde, sondern dem Gesetz des ganzen Kosmos zu folgen, zu gehorchen hat. Mancher fühlt sich dem Gesetz der Sterne preisgegeben und ausgeliefert, einem unerbittlich-unentrinnbaren Schicksal. Und hat er mit seinem fatalistischen Pessimismus vielleicht recht? Die Antwort auf diese Frage ist eine persönliche Entscheidung – und so wie man entscheidet, so geht man den Weg.

Es stimmt, daß der Mensch dem Gesetz der Gestirne unterworfen ist, jedoch stimmt es auch, daß er frei ist oder doch frei werden kann.

Die Sterne zwingen nicht! – heißt es von alters her. »Der Gnostiker ist von den Planeten her in sieben Schleier gehüllt. Er weiß, daß die Sterne das Weltgeschehen mit eiserner Naturnotwendigkeit beherrschen (die Wahrheit der Astrologie wird nicht geleugnet), aber er fühlt sich den Gesetzen des Schicksals nicht unterworfen, weil er sich innerlich frei weiß und nicht restlos aufgeht in der Natur!« [42, S. 54]

Der Mensch, wie der Schöpfer ihn eigentlich gemeint hat, ist der Macht der Gestirne nicht ausgeliefert, er ist – wie man sagt – in Gottes Hand, nicht in der Hand der Gestirne. Von Gott empfing er den freien Willen, mit dem er sich über seine irdische Gebundenheit erheben und zum schöpferischen Geistwesen entwickeln kann. Auf die bewirkende Konstellation der Gestirne antwortet er mit den gestaltenden Entscheidungen seiner Seele und seines Geistes. Der Mensch hat also die Freiheit, frei zu werden!

Jedoch haben viele Menschen im Grunde genommen noch gar nicht die Sehnsucht nach dieser Freiheit, auch wenn sie gerne davon sprechen. Die einen resignieren, weil sie an der Freiheit zweifeln, andere haben, ohne es zu wissen, gar nicht die Kraft zur freiheitlichen Gestaltung ihres Lebens, und wieder andere betrachten sich als »Geworfene«, als Spielbälle eines blinden oder sogar blindwütigen Schicksals, als beklagenswerte Opfer. Und manche geben lieber ihre Würde als Mensch preis, als daß sie sich aufraffen möchten zu der allerdings großen Anstrengung, ein »wahrer Mensch« zu werden.

Ist nicht auch der ein wahrer Mensch, dessen Wahrheit das Scheitern ist? Zunächst: Welches Scheitern ist bei dieser Frage gemeint? Denn das Scheitern in den Angelegenheiten dieser Welt muß nicht auch ein Scheitern auf dem seelisch-geistigen Arbeitsfeld sein. Sonst – um es an einem extremen Beispiel deutlich zu machen – wäre Christus, der gekreuzigt wurde, ja ein Gescheiterter.

Manches äußere Leid, Unglück und Mißlingen führt am Ende doch zu einem guten Ziel, auch wenn das in diesem Leben hier nicht unbedingt sichtbar und verstehbar werden muß. Das Entscheidende ist immer der Impuls, die innere Richtung, die man in sein Tun hineingibt, wodurch das Geschehen dann früher oder später zu eben dem Ziel geführt wird, das man sich auserkoren hat. Tragisch ist ein Geschehen oder Ereignis nur insofern, als man es als endgültig betrachtet. Wer zum Beispiel den Tod als Ende und endgültig betrachtet, dem erscheint vieles tragisch, worin andere einen vielleicht schmerzhaften, vielleicht aber auch erlösenden Übergang erkennen.

Wahres Menschentum vollendet sich in der Vereinigung mit dem Licht der Wahrheit. Christus sagt: »Laßt die Toten ihre Toten begraben« – ist das ein hartes Wort? Für manche mag es das sein. Aber wird den Menschen nicht immer wieder deutlich und ausdrücklich genug gesagt, was sie tun können und dürfen und müssen, um nicht zu den lebenden Toten zu gehören? Der Mensch hat die Möglichkeit und freie Entscheidung, sich der Auflösung preiszugeben, umgepflügt zu werden, »Schaden zu nehmen an seiner Seele« (Matth. 16, 26), sein Menschentum zu verfehlen – oder aber den Lichtpfad zu wählen.

Sei es aus Trägheit oder verführt durch die Philosophie des

»Geworfenseins«, gehorchen manche tatsächlich lieber den »blinden Trieben« und werden deren Sklaven, als daß sie sich im Gottesgehorsam zur Freiheit emporringen. Das ist eine sehr merkwürdige Erscheinung, die sich heute oft in der Art zeigt, wie ein geistiger Lehrer oder ein Vorbild rundheraus abgelehnt wird. Es wird dann gesagt, man fühle sich von diesen Persönlichkeiten in der Selbständigkeit und Eigenständigkeit gestört, man fühle sich durch ihren Einfluß der Freiheit beraubt. Wir suchen also offensichtlich oft eine Freiheit, die jede Autorität, auch die der Liebe und Güte, ablehnt. Darin liegt eine ernste Gefahr, weil wir in dieser Ablehnung übersehen, daß wir uns tatsächlich doch einer Führung überlassen haben, nämlich dem allgemeinen Strom blinder Kräfte, anonymer Nichtigkeiten und Schlimmerem, ohne daß wir merken, in was für ein Fahrwasser wir geraten sind. Auch das unstete Treiben sinnleerer Gedanken, das Dahintreiben in Gemütsbewegungen – Zorn, Ärger, Langeweile, Aufregung –, auch das ist ja eine »Führung«, ein Mitschwimmen im trüben Strom.

Jedoch ist die Überempfindlichkeit gegen jede Art von Vorbild gut zu verstehen, denn zu oft werden wir enttäuscht, zu oft haben sich Güte und Selbstlosigkeit doch wieder als Trug erwiesen. Schließlich zweifelt man an der Möglichkeit, daß es überhaupt einen Menschen geben kann, dem man sich anvertrauen dürfte. Vertrauen ist eine Kraft, die langsam wachsen muß. Wir müssen uns Zeit lassen, viel Zeit, viel innere Mühe einsetzen und unendlich behutsam sein.

Der Mensch, der sich fragend dem Kosmos zuwendet, findet immer wieder zu dem zentralen Urbild: In der absoluten Mitte die Sonne! Um diese Mitte kreisen die so verschieden gearteten und gestuften Gedanken, Wünsche, Kräfte und Eigenschaften des Menschen wie die Planeten – und so erkennt man das Innere Firmament. Jeder Planet ist eine Individualität, jeder Planet ist ein Kraftzentrum – so erkennt man die Chakras, die Planeten des Inneren Firmamentes. Da ist die Vitalkraft, die Kraft des Gemütes, die Kraft des Herzens, die Kraft der Erkenntnis.

Das bewußte Erleben und Erkennen dieses Inneren Firmamentes ist der Weg, auf dem der Mensch die Erdenschwere überwindet, auf dem er sich aus der vermeintlichen Sklaverei, aus der unmündigen Nur-Kreatürlichkeit zu wahrem Menschentum erhebt, das heißt, er wird seiner Kreatürlichkeit Herr – so wie es ihm aufgetragen ist: Dienend macht er sich »die Erde untertan«. [1. Mose 1, 28] Das ist gemeint mit dem Wort »Gott ist in den Schwachen mächtig« und mit dem Wort des Lao-tse »Das Weiche, Schwache besiegt des Harten und Starken Widerstand« – das wird »subtile Erleuchtung« genannt, »Wer mit Barmherzigkeit kämpft, der siegt«. [37, S. 62 u. 98] Und so heißt es in den Seligpreisungen: »Selig sind die Sanftmütigen, denn sie werden das Erdreich besitzen.« (Matth. 5, 5)

SUMMUM BONUM

Jener, dem der Weg der Entwicklung tatsächlich bis zur Vollendung, bis zum Sternenmenschentum, gelingt, wird von altersher als kosmischer Mensch gesehen, er hat die kosmische Einweihung empfangen, er ist durch die Schallmauer der irdischen Begrenzung hindurchgestoßen.

Das Ziel ist: der kosmische Mensch. Das Ziel ist: Gott. Man kann auch sagen: Das Ziel wird Gott genannt, und es wird von jedem Wahrheitssucher so erkannt und gesehen, wie ihm das auf seiner jeweiligen Stufe der Erkenntnis möglich ist. Dieses Bild ist dann sein Gottesideal, das der Mensch sich im besten Sinne des Wortes einbildet, um es nachzubilden, um ihm nachzufolgen und es zu verwirklichen. Es heißt zwar in den Zehn Geboten: Du sollst dir kein Bildnis noch irgendein Gleichnis machen von Gott. Aber es heißt im Neuen Testament auch: »Wir sehen jetzt durch einen Spiegel in einem dunklen Wort; dann aber von Angesicht zu Angesicht. Jetzt erkenne ich's stückweise; dann aber werde ich erkennen, gleichwie ich erkannt bin.« (1. Kor. 13, 12) Christus sprach in Gleichnissen, weil wir nicht von Angesicht zu Angesicht erkennen können. Auch daß wir Ihn »Vater« nennen, ist ein Gleichnis. Alle Meister sprachen in Gleichnissen, um das Unsagbare einsichtig zu machen. Alles Vergängliche ist Gleichnis und soll es sein, und alles Vergängliche kann zum Tor ins Unvergängliche werden und wird dann – wie das Goethe-Wort weiter lautet – zum Ereignis.

Lama Anagarika Govinda schreibt:»Die Voraussetzung jeder religiösen Übung und meditativen Praxis ist die Anerkennung göttlicher Qualitäten und ewiger Werte im Menschen, deren Erweckung oder Verwirklichung das Ziel des religiösen Lebens ist. Wenn wir nicht an ein höchstes, alles übertreffendes Gut – ein summum bonum – glauben, das jedem Menschen inhärent ist und das er erreichen kann, dann fehlt der Anlaß und der Ausgangspunkt für jede Art geistigen Strebens.«

Was der Mensch unter dem summum bonum zu verstehen vermag, das stellt sein persönliches Gottesideal dar – oder auch seinen Götzen. Für den einen Menschen ist es tatsächlich nur ein materielles Ziel, dem er sich hingibt; auch Mammon ist für manchen ein Gott, selbst wenn das wohl kaum jemand so kraß zugeben würde. Der andere sieht sein Ideal darin, einem geliebten Menschen oder einer Aufgabe zu dienen, wieder ein anderer sieht Christus als höchstes Inbild oder wendet sich – fast abstrakt – dem »Geist der Führung« als seinem Gott zu. Es wäre falsch, diese oder jene Vorstellung als besser oder schlechter zu werten, ist es doch eine Frage der Entwicklung; darum heißt es »Richtet nicht, auf daß ihr nicht gerichtet werdet«. (Matth. 7, 1) Es ist für einen gewöhnlichen Sterblichen unmöglich, die Qualität und die Herzkraft zu erkennen, mit der unser Mitmensch strebt. Und was für einen Maßstab – außer dem der eigenen Unzulänglichkeit – wollte man denn anlegen? Daher wird immer wieder gesagt, daß derjenige, der sich besser oder fortgeschrittener als ein anderer dünkt, durch diesen Hochmut schon sogleich sehr tief gesunken ist. Jeder ist nur so gut oder schlecht, wie er es in bezug auf seine Entwicklungsstufe und Möglichkeiten zu sein vermag.

In jedem Fall wird das Ideal, dem man sich zuwendet, zum »Geist der Führung«. Wie das im höchsten Sinne zu verstehen oder doch anzurufen und zu suchen ist, sagt der Sufi-Meister Hazrat Inayat Khan (1882–1927):»Dem Einen entgegen, der da ist die Vollkommenheit der Liebe, der Harmonie und der Schönheit, der All-Einige, vereint mit all den Erleuchteten Seelen, die den Meister, den Geist der Führung verkörpern« –

»Geist der Führung, Quell aller Schönheit und Schöpfer der Harmonie; Liebe, Liebender und Geliebter Herr, Du bist unser Göttliches Vorbild.« [30, V. S. 132]

Immer wieder einmal gerät jeder in Gefahr, auf dem Pfade zu erlahmen, vor den Anforderungen und Anstrengungen zu kapitulieren und alles auf später zu verschieben. Aber dann hören wir wieder den anspornenden Weckruf und fassen neuen Mut.

Buddha sagt: »Weit geöffnet sind die Tore der Unsterblichkeit, ihr, die ihr Ohren habt zu hören: Erwecket euren Glauben!«

DER KOSMOS-MENSCH

Von jenem Menschen, der noch ganz unter der Führung seiner Instinkte lebt, noch fast ganz vegetativ, animalisch, der noch fast unbewußt in der Strömung mitschwimmt, die ihn gerade erfaßt – sei ihr Trend nun gut oder anders –, bis zu jenem, dessen kosmisches Bewußtsein erwacht ist, führt ein äonenweiter Weg. Und doch sind alle Menschen im gemeinsamen Ziel verbunden. Menschheit am Beginn, Menschheit im Ziel – und dazwischen die unendliche Fülle aller Formen und Stufen der Entwicklung.

Im Neuen Testament heißt es: »Es wird gesät ein natürlicher Leib [das ist Menschheit im Beginn], und wird auferstehen ein geistlicher Leib [das ist der Mensch in der Vollendung]. Wie geschrieben steht: Der erste Mensch, Adam, ward zu einer lebendigen Seele, und der letzte Adam zum Geist, der da lebendig macht. Aber der geistliche Leib ist nicht der erste, sondern der natürliche, darnach der geistliche.« (1. Kor. 15, 44–46)

Nach der Überlieferung des Alten Testamentes und der Kabbala ist der kosmische Mensch Adam, Adam-Kadmon. Er ist das Urbild des Menschen – des Menschen vor dem Sündenfall. Er ist der himmlische Mensch, der Sohn des Himmels nach der chinesischen Überlieferung; der Purusha der indischen Überlieferung. Er ist der Shiva, der Christus, der »Ich bin«, der im Anfang war und immer sein wird – der kosmische »Geist der Führung«. Im kosmischen Menschen, im androgynen Urmenschen sind die sieben Planeten aufgegangen in vollendetem Kreislauf; mit anderen Worten: Der Christus ist in ihnen verwirklicht.

Wenn nun der Mensch als Mikrokosmos verstanden werden kann, in dem die Planeten um die Zentralsonne des Herzens kreisen, so ist es nur logisch, den Makrokosmos seinerseits auch in Gestalt eines Menschen zu sehen und darzustellen.

Der Kosmos in Gestalt eines Menschen – so befremdend diese Vorstellung auch zunächst sein mag – wir finden sie in den entsprechenden Kultbildern der großen Religionen immer wieder dargestellt. Zum Beispiel in der frühen Kunst des Christentums: Da wird der Kosmos als Kosmischer Christus dargestellt, und das Christusmonogramm (Abb. 47) ist Symbol des Kosmos. Christus ist für uns das allwirkende Schöpfungswort und erfüllt die ganze Schöpfung mit seinem Wesen und wirkendem Wort. Die Kirche aber wird im weitesten, weltumspannenden, überinstitutionellen Sinn als Leib Christi bezeichnet. Im Epheserbrief (1, 23) wird Christus als Haupt der Gemeinde bezeichnet, die Gemeinde aber als sein Leib,»nämlich die Fülle des, der alles in allen erfüllt« – das ist kosmische Sicht, kosmische Anthropologie.

Ein anderes Beispiel sei aus der indischen Überlieferung vorgestellt. Heinrich Zimmer schreibt:»Das Universum ... hat die Gestalt eines kolossalen Menschenwesens; es wird geschildert als männlicher oder weiblicher Riesenmensch, dessen makrokosmischer Organismus die sämtlichen, mit Wesen ohne Zahl bevölkerten Regionen von Himmel, Erde und Hölle umfaßt.« [67, S. 237]

Allmutter und Allvater ist dieser Kosmosmensch. Diese indische Überlieferung sieht den bewußten Lebensraum des heutigen Menschen offensichtlich etwa in der Höhe der Taille – weiter ist die durchschnittliche Entwicklung anscheinend noch nicht gediehen. Das wird auch an anderer Stelle bestätigt, weiß man doch, daß die Verhaftung im Gemüthaften, im Solar, noch allgemein vorherrschend ist, und der nächste Schritt – die Entwicklung des Herz-Chakras – erst von wenigen erreicht wird.

Unterhalb der Taillenlinie sieht man im indischen Kosmosmenschen die Höllenregion, darüber die Gefilde der Seligkeit.

In diesem Quasi-Bild ist die Rolle des Menschen als Brük-
kenwesen und Brückenwärter zwischen irdischem und himm-
lischem Dasein dargestellt. Hölle muß verstanden werden als
die Stätte, die der Mensch als Hölle erfährt, wenn er mit
seinem Bewußtsein und seinen Wünschen unter die Taillenlinie zurücksinkt und dort verharrt, weil er dadurch seine
Menschennatur verfehlt und einbüßt. Wer sich aber aus der
Gebundenheit an die Triebnatur löst, wer nicht mehr Getriebener, sondern Beherrscher und Verwalter der unteren Sphäre
wird, entwickelt sich in der Zone oberhalb der Taille zum eigentlichen Menschentum. Das ist der Königspfad des Adepten.

An anderer Stelle schildert Heinrich Zimmer die indische
Überlieferung mit folgenden Worten: »Der Himmel hat die
Gestalt eines Riesenmenschen, und diese Gestalt wird belebt
durch die Herzbewegung, welche Göttliche Liebe ist und unaufhörlich aus Gott ausströmt, wie auch durch die Lungenbe-
wegung oder Atmung, welche Göttliche Weisheit ist.«
[67, S. 225]

Dieser Text ist besonders schön, weil Liebe und Atem, der
göttliche Odem, als bewegende und tragende Kraft des Alls
gesehen werden: Herzkraft und Atemtechnik sind die beiden
zentralen Themen der Meditation!

Im großen Brahman-Gesang der Upanischaden steht:

»Der Himmel ist Sein Haupt,
Und Mond und Sterne sind Ihm Augen,
Die Himmelsrichtungen die Ohren,
Der Offenbarung Schriften sind Ihm Stimme.
Sein Odem ist die Luft, Sein Herz das All.
Aus Seinen Füßen ward die Erde.
Er ist das Selbst, das Innerste in allen.« [60, S. 59]

GOTTESKINDER UND GOTTESSÖHNE

Wenn man den Kosmos als kolossales Menschenwesen betrachtet, dieser Kosmos aber zugleich der Leib Gottes ist, so

kommt man zu der bestürzenden und vermessenen Gleichung, in welcher der Mensch Gott gleichgesetzt wird.

Diese ungeheuerliche Behauptung, die auch in Christi Worten »Ich und der Vater sind eins« aufscheint, hat nicht nur die Juden seiner Zeit als Gotteslästerung empört, so daß sie ihm nach dem Leben trachteten. Es wird auch von manchen Heiligen und Mystikern berichtet, die in der Verzückung der Gottesschau das »Ich bin Er« ausgerufen haben und dafür den Martertod erleiden mußten. Es sei nur an die Sufi-Meister Suhrawardi und Al Hallaj erinnert, die um ihrer scheinbar vermessenen Gottseligkeit willen umgebracht wurden.

Zwischen Gotteslästerung und höchster Erleuchtung, zwischen Demut und Hybris, zwischen Erkenntnis und Wahnsinn scheint nur ein haaresbreiter Spalt zu sein. Und es ist kaum möglich, etwas über diese Dinge zu sagen.

Jesus Christus antwortete jenen, die ihn um der »Gotteslästerung« willen steinigen wollten: »Steht nicht geschrieben in eurem Gesetz: ,Ich habe gesagt: ihr seid Götter'!« (Joh. 10, 34) Götter aber sind hohe Geistwesen, sind Gottessöhne.

Es ist die Gottessohnschaft, die sich in dem Worte Christi ausspricht: »Ich und der Vater sind eins.« Er hat ja nicht etwa gesagt: »Ich und Gott, das ist ein- und dasselbe.«

Für manche sind diese Gedanken Spitzfindigkeiten, die ihn nichts angehen. Für andere wieder sind es sehr ernste Probleme, mit denen sie sich quälen. Sind es unnötige Qualen? Es sind wohl notwendige Hürden auf dem Pfad.

Die Gottebenbildlichkeit ist als Gotteskindschaft in jedem Menschen als latente Anlage vorgebildet, und die Nachfolge durch Entwicklung dieser Anlage, das ist der Christusweg, der Weg jedes Menschen, der aus dem wandelbaren ins unwandelbare Leben eingehen möchte. In der Bhagavad Gita heißt es:

»Wer mich als den Alleinigen erkennt,
Der in dem Innern aller Wesen wohnt,
In diesem lebe Ich und er in mir.« [5, VI, 31]

Ebenfalls in der Bhagavad Gita stehen die Worte Krishnas:
»Keiner kennet mich!« [5, VII, 26]

Der persische Sufi-Mystiker Jelal-ud-din Rumi schrieb über

das Christuswort »Ich und der Vater sind eins« folgendes: »Jesus meinte mit seinem Wort, daß nicht das Ich, sondern sein innerstes Selbst – Christus – mit Gott eins sei. Dies Bekenntnis zum Einssein, überspitzt ausgedrückt ,Ich bin Gott', ist in Wirklichkeit tiefste Demut. Denn der Mensch, der bekennt, ,Ich bin der Diener Gottes', sagt damit, daß zwei existieren: er und der andere, Gott. Wer aber sagt ,Ich bin Gott', der hat sein Ich ausgemerzt und erklärt damit: ,Ich bin nicht; Gott ist'. In diesem ist die Demut größer. – ,Ich bin Gott' kann Ausdruck menschlichen Größenwahns sein, wenn damit die Anbetung des vergänglichen Ich, der ,Persönlichkeit' gemeint ist oder gar von anderen gefordert wird. Hingegen ist der Ausdruck tiefste Wahrheit, wenn damit die Nichtigkeit des Ich und die Göttlichkeit des Selbst ausgesprochen wird. Ein Pharao brüstete sich ,Ich bin Gott' – und wurde gedemütigt. Der Sufi Hallaj sagte ,Ich bin Gott' – und wurde erlöst. Sein ,Ich' war ,Er'. Wird das Ich ausgelöscht, was bleibt dann übrig? Gott, der Eine. Dieses Eine suchte ich, dieses Eine erkannte ich, dieses Eine bin ich.«

Johannes der Täufer sagte: »Er [Christus] muß wachsen, ich aber muß abnehmen.« (Joh. 3, 30)

An derselben Stelle des Neuen Testaments heißt es im nächsten Vers: »Der von oben her kommt, ist über alle. Wer von der Erde ist, der ist von der Erde, und redet von der Erde. Der vom Himmel kommt, der ist über alle.« Der vom Himmel kommt, das ist der Botschafter, der freiwillig den Menschenleib annimmt, um denen, die von der Erde sind, auf dem Pfad – aufwärts – beizustehen und sie zu führen. Der Gottessohn neigt sich erbarmend, liebend, beschützend und führend zu den Gotteskindern – Gotteskinder sind wir alle.

Was ist unter kosmischem Bewußtsein zu verstehen? Es ist das Bewußtsein der Gottessöhne, deren Wesen und Wirken sich weit über den irdischen Bereich hinaus in kosmischen Dimensionen vollzieht, in der Vollendung ist es Christus. Darum ist das Christentum eine kosmische Tatsache. Aber es wird nur allzu leicht übersehen, daß jeder der Meister des Lichts zum kosmischen Bewußtsein durchstieß und eine kosmische Tatsache ist. Die Gotteskinder streben dem Licht zu, die Gottessöhne aber sind Licht und bringen der Erde das Licht des Himmels. Sie sind die Tore zum Licht.

Hazrat Inayat Khan (1882–1927) sagt: »Der Mensch ist ein kleiner Sonnengott: in seiner Seele ein kleiner Gott, in seinem Körper eine kleine Sonne.« Er sagt aber auch: »Wenn ein Mensch sagt, er sei Gott, so ist das so anmaßend, als wenn der Tropfen sagen würde: Ich bin der Ozean.« Und: »Wenn ich meine Augen der äußeren Welt öffne, empfinde ich mich wie einen Tropfen im Meer, aber wenn ich meine Augen schließe und nach innen schaue, sehe ich das ganze Universum als eine Luftblase, die im Ozean meines Herzens aufsteigt.« [29 u. 30, V. S. 73] Das sind Meisterworte, die aus der Erfahrung der Erleuchtung gesprochen wurden.

Der Tropfen im Ozean, das ist ein Bild, das die Mystiker immer wieder verwenden. Lama Anagarika Govinda sagt von der Erleuchtung: »Wir werden immer noch durch grobe Gleichnisse quantitativer Art statt durch qualitative Werte bestimmt, wenn wir dieses höchste Erlebnis der Befreiung mit ‚dem Tropfen, der in das leuchtende Meer gleitet' vergleichen. Es wäre richtiger – wenn auch paradox vom Standpunkt der dreidimensionalen Logik – zu sagen: daß das Meer in den leuchtenden Tropfen eingeht.«

»Das Weltall ist nicht groß – mein Körper ist nicht klein«, die Dimensionen der Seele und des Geistes können nur verstanden werden, wenn der Schritt in dieses Königreich wirklich vollzogen ist.

»Ich will mich höher schwingen als zum höchsten Himmel,
Ich will tiefer tauchen als in die Tiefen des Meeres,
Ich will weiter werden als der weite Horizont,
Ich will Einkehr halten in meinem innersten Sein.«
[30, V. 39, 2]

II
BILDER UND SINNBILDER
DER MEDITATION

UNIVERSALE KUNST

Auch wenn der Wahrheitssucher schon unbeirrt auf dem Pfad voranschreitet, kennt er nicht einmal die nächste Station. Auch wenn er unerschütterlich auf das Ziel zustrebt, kennt er es nicht. Wir sind Erwachende, Tastende, Suchende, Rufende. Wenn aber das Wissen um das Ziel nicht – verborgen – in uns läge, hätten wir keine Möglichkeit, es anzustreben, hätten wir kein Vertrauen, keine Zuversicht, keinen Glauben und könnten nicht einen einzigen Schritt vorangehen. In den Upanischaden heißt es:

»Wer erkennt, daß Es unbegreiflich ist, begreift;
Wer Es versteht, begreift Es nicht.
Den Wissenden ist Es unbekannt,
Bekannt aber den Unwissenden.« [60, S. 23]

Manche fühlen sich von solchen Worten verwirrt oder abgestoßen, sie verlangen »Klartext«. Anderen lösen sie die Schleier von den Augen.

Was im Wort schwer zugänglich, unverständlich und oft auch entmutigend wirkt, kann durch das Bild erlebbar werden. Bilder und Symbole zeigen die Wahrheit, die gesucht und gemeint ist, wie in einem Spiegel. Das Bild, das man betrachtet, rührt an das Urbild, das in der eigenen Seele wach ist oder wach werden möchte. So kann jedes wahre Kunstwerk einen Aufruf, einen Weckruf bedeuten. Und viele Kunstwerke weisen mit ihren Symbolen in mehr oder minder verschlüsselter Form auch auf die Methoden hin, mit Hilfe derer man den Pfad gehen kann. Daher ist es möglich, durch eine vertiefte Kunstbetrachtung, über die Freude an der Schönheit und den Reiz der Eigenart des Werkes hinaus, konkrete Hilfe, Wegweisung und Anweisung zu erhalten.

Kulturgeschichte ist Blick auf Vergangenes im Bewußtsein der Allgegenwärtigkeit und Allgültigkeit gewisser Grundgegebenheiten, gewisser archetypischer Wahrheiten, die gesucht und gefunden werden können. Daher spiegelt sich in den bedeutendsten Zeugnissen der Menschheitskultur die Einheit im Geiste, in der die erwachten Menschen sich oberhalb aller trennenden konfessionellen und weltanschaulichen, rassischen und politischen Unterschiede erkennen und verstehen.

Das große Kunstwerk ist Kultbild, Werkzeug des Kultes, es stellt Unsichtbares in sichtbarem Gewand dar. Es ist aber nicht nur statisch zu verstehen, sondern als ein Kraftfeld, das den Betrachtenden in einen dynamischen Prozeß einbezieht, wodurch ihm der Weg zu dem »Immer-Gegenwärtigen« geöffnet wird.

Das große Kunstwerk hat universalen Charakter, ob das nun eine indianische Pyramide ist, ein Psalm Davids, die Tabula Smaragdina, ein Text aus der Zend-avasta oder eine Buddhastatue.

Bilder und Darstellungen sind dynamische, offene Systeme, je offener sie sind – ohne die inneren Gesetze zu verletzen –, je weniger sie eingefroren sind in einem erstarrenden Schema, desto wahrer sind sie – ein Tor zur Wahrheit.

Was gesagt, gezeichnet, gemalt, gebaut wird, ist – so oder so – Ausdruck eines bestimmten Weltgefühls, man kann auch sagen: Ausdruck eines Gottesideals oder Götzens. Was jedoch in der Blütezeit der Hochkulturen geschaffen wurde, ist Wegweiser zum Eigentlichen, bestimmt von ehrfürchtiger Treue gegenüber den am Kosmos orientierten Gesetzen.

Dabei entwickelt jede Epoche ihren eigenen Stil. Daß einem dieser mehr und jener weniger »liegt«, sagt nichts aus über seinen Wert, wohl aber über das Wesen und die Wünsche des Betrachters. Stil – das ist der typische Ausdruck eines bestimmten Weltgefühls und einer bestimmten Welthaltung, und Stil ist die individuelle Handschrift einer Epoche.

Bei den Bildern, die im folgenden gezeigt werden, geht es darum, in wenigen Beispielen möglichst eindringlich die der Menschheitskultur zugrunde liegende Suche nach dem wahren, dem kosmischen Menschen sichtbar zu machen. Es soll eine Anregung sein zu einer neuen, universalen Betrachtung der

80

Menschheitskultur. Aber ist sie wirklich neu? Im Grunde genommen geht es um eine Einstimmung auf die von altersher den Kulturen eigene universale geistige Haltung, durch die sie initiiert und getragen wurden.

»Neu« ist diese Betrachtungsweise insofern, als man heute wieder lernen sollte, nicht nur historische, kulturhistorische oder stilkritische Aspekte in den Vordergrund zu stellen, sondern mit den Mitteln moderner Symbol- und Mythenforschung und mit den Mitteln der klassischen Psychologie der Meister die gemeinsame Grundstruktur der Menschheitskultur sichtbar werden zu lassen. Da wird die Gestalt einer geistigen und archetypischen Weltschau erkennbar, wie sie in verschiedenster Form, in vielfältigster Differenzierung durch alle großen Werke universaler Kunst zum Ausdruck kommt – die Gestalt der harmonischen Symphonie des Kosmos.

Die Grundstruktur des Menschen stellt sich im System der Chakras dar, und dieses wird daher in der Kunst der Menschheit in den verschiedensten Symbolgestalten gezeigt. Die Entwicklung der schöpferischen Intelligenz und des Bewußtseins geschah und geschieht durch die Aktivierung dieser Bewußtseinszentren; sie sind – das sei hier nochmals betont – die Augen, die sich für die physische und die metaphysische Wirklichkeit öffnen. Sie sind die Augen der Seher und Meister.

In einer Reise rund um den Erdball, quer durch Zeiten und Zonen, wird im folgenden Station gemacht bei Kunstwerken – Meditations- und Andachtsbildern –, die auf den Pfad hindeuten, auf dem der natürliche Mensch versucht, seine Geistnatur zu verwirklichen, auf dem er eines Tages die geistige Geburt erfahren kann.

Das Studium der alten Kulturen ist letztlich nur so weit interessant, als es für den Menschen heute und hier Wesentliches zutage fördert, indem durch die Bilder aus der Vergangenheit seine eigenen Inbilder ins Licht des Bewußtseins gerückt werden und sie so zum Geburtshelfer werden bei dem Prozeß, der unter dem alten Einweihungswort steht: »Erkenne dich selbst!« Es ist der Weg des »Es werde Licht!«

So fremd manches bedeutende Werk alter Kulturen auch zunächst erscheinen mag, dem nachdenklichen Betrachter gibt es doch nach und nach sein Geheimnis preis, wenn er den Schlüssel dazu in der Hand hält – das Wissen um die Gesetzmäßigkeit, die dem gesamten Kosmos schöpferisch und verwandelnd innewohnt. So erkennt man in der unausschöpflichen Vielfalt immer mehr die All-Einheit, von der es in einem Hymnus der Bhagavad Gita heißt:

»Du bist der Eine,
Du das höchste Ziel der Selbsterkenntnis
und das Herz des Alls,
der Hüter des unsterblichen Gesetzes,
der ewge Grund von allem, was da ist.
Ohn' Anfang, ohne Mitte, ohne Ende,
ewig in Deiner Kraft, in Deinem Tun.
Die Sonne und der Mond sind Deine Augen
es glänzt Dein Angesicht wie Feuerschein,
Du füllst den Weltenraum mit Deinem Lichte
und Deine Liebe wärmt das ganze All;
denn alle Himmel und die Weltregionen
sind voll von Dir und Deiner Herrlichkeit.« [5, XI, 18–20]

WELTBILD – SPIEGEL DER WELTSCHAU

Dank visionärer Einsichten, Offenbarungen und Erfahrungen gaben die Meister des Lichts die Impulse, aus denen die großen Kulturen entstanden und gespeist werden. Sie finden Ausdruck in einer Weltschau, wie sie die großen Persönlichkeiten und Eingeweihten dem Volk, den Gläubigen in einer ihnen zugänglichen und zuträglichen Form vermitteln. So entwickelt sich der Kult in all seinen Formen vom höchsten Altarbild bis zu den täglichen Sitten und Gebräuchen.

Jede Epoche, jeder Kulturkreis hat sein eigenes Weltbild, und es wäre einfach, könnte man sagen: Dieses Weltbild ist richtig, jenes aber falsch. Tatsächlich ist jedes ein bestimmter Aspekt der Wirklichkeit, ist eine Seite der Wahrheit. Man kann die Weltbilder auch den Farben des Regenbogens vergleichen – die einen sind dunkler, die anderen heller, die einen haben diesen, die anderen jenen Ton; die Summe der Farben aber vollendet das hellste, strahlendste Weiß, es ist die Farbe Christi.

So hat auch dem Menschen unserer Tage jedes der Weltbilder aus vergangener Zeit etwas Wesentliches zu sagen, jedes spricht die ihm eigentümliche Sprache und vermag den Horizont des Betrachters zu erweitern. Die Wirklichkeit ist ein Gefüge von Systemen, und je offener das System gesehen wird, desto mehr Wirklichkeit führt es vor Augen. Das offene System ist dynamisch, lebendig, es ist ein Organismus.

Man kann auch sagen, daß die Weltbilder die Wahrheit auf verschiedenen Ebenen darstellen, etwa auf der physischen, auf der seelischen oder der geistigen; jedoch die Ebenen durchdringen einander, und die Variationsmöglichkeiten sind unausschöpflich. Richtig verstanden widersprechen die verschiedenen Aussagen, diese Quasi-Wahrheiten, einander nicht einmal, sondern es ist, als umschreite man einen Gegenstand und schildere ihn von vielen Seiten, als dringe man auch noch in den Gegenstand ein und beschreibe jene Befindlichkeit, die von außen nicht einmal erahnt werden kann.

Daß die verschiedenen Weltbilder der alten Hochkulturen in ihren oft so kühnen kosmischen Konzeptionen keine naiven Phantastereien sind, sondern der Realität angemessene Systeme, erweist sich nicht zuletzt in der Genauigkeit ihrer Kalender, die auf unermüdlicher, einsichtiger und hellsichtiger Beobachtung der Sternenwelt beruhen.

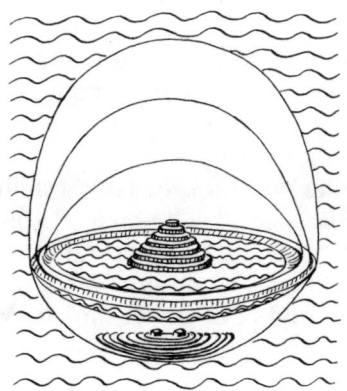

Nun einige Beispiele für die Darstellung des Weltbildes in alter und neuerer Zeit. Als erstes die Vorstellung der Sumerer im Zweistromland von der Erde als einem Stufenberg, einer Pyramide mit ihren Stockwerken, sie schwimmt in einem gewaltigen Ozean, darunter befindet sich das siebenstufige Totenreich, darüber der Himmel, er ist ein ebensolcher Berg ins Kosmische übertragen, eine Pyramide mit den Planetenstockwerken, diese ganze Schöpfung aber schwimmt im himmlischen Ozean.

Die sieben Stufen entsprechen den sieben Stufen der Einweihung in die Mysterien – entsprechend den sieben Haupt-Chakras. Hier ist also hingewiesen auf die makro-mikrokosmische Beziehung des Menschen, sein Verwobensein in die Gesetze des Universums, und auf den Entwicklungsweg: »Unter Sternen zu den Sternen.«

Die Vorstellung vom zentralen Weltberg »Sumeru«, der seinen Gipfel in die höchsten Sphären himmlischer Seligkeit erhebt, findet sich in Indien bei den Hindus und auch bei den Buddhisten. Sonne, Mond und Sterne umkreisen den Weltberg, und tausend solcher Welten heißen »eine Kleine Welt« und tausend »Kleine Welten« sind »eine Mittlere Welt«, und tausend »Mittlere Welten« sind »eine Große Welt«, im Universum sind diese dreitausendfachen Welten in unendlicher Zahl vorhanden.

Man sieht, daß die Menschheit sich keineswegs erst – wie so oft irrtümlich angenommen wird – durch die Erfindung des Fernrohrs ein Bild von der Unermeßlichkeit des Universums gemacht hat. Im Gegenteil, man kann sogar sagen, daß der Erfindung des Fernrohrs eine Verkümmerung der physischen und psychischen Augen und Erkenntnisorgane entspricht und daß neue Hilfsmittel die alten Fähigkeiten nur bedingt ersetzen können.

Das altägyptische Weltbild wird dargestellt durch die Himmelsgöttin Nut, die sich gleich einem Regenbogen über die Erde wölbt; Gott Schu stützt das Himmelsgewölbe, und hingestreckt, aber halb sich schon erhebend, liegt die Erde und berührt die Hände und Füße der Himmelsgöttin.

84

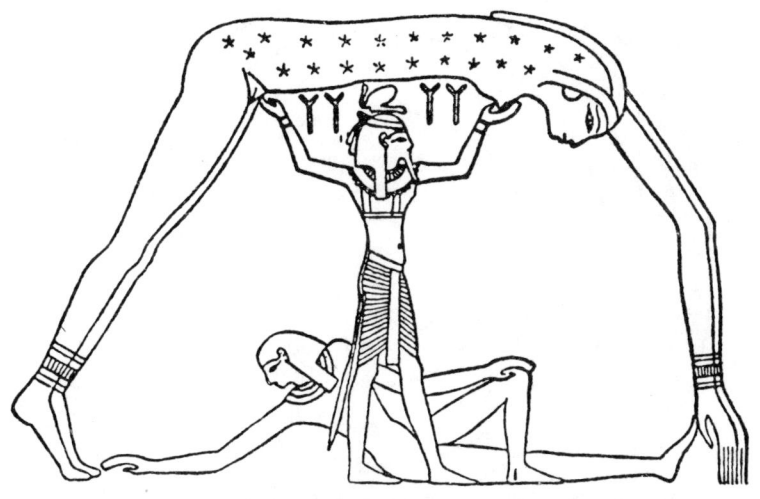

Gleich dem Babylonischen Weltbild ist auch das des
Ptolemäus (etwa 85–160 n. Chr.) geozentrisch, jedoch weit na-
turalistischer als jenes. Erde – Mond – Merkur – Venus –
Sonne – Mars – Jupiter – Saturn, das sind die Stationen, die vom
Zentrum, der Erde, zur Peripherie führen und um den Mittelpunkt kreisen. Auch hier ist man sich des makromikro-kos-
mischen Bezugssystems noch voll bewußt, so zum Beispiel in
der Zuordnung von Metallen, aber auch psychischen Eigenschaften zu den verschiedenen Planeten. Und in den gnosti-
schen Lehren werden die Planeten, die ihre Entsprechungen im
inneren Aufbau des Menschen haben, nach wie vor als Stufen
des Einweihungsweges betrachtet.

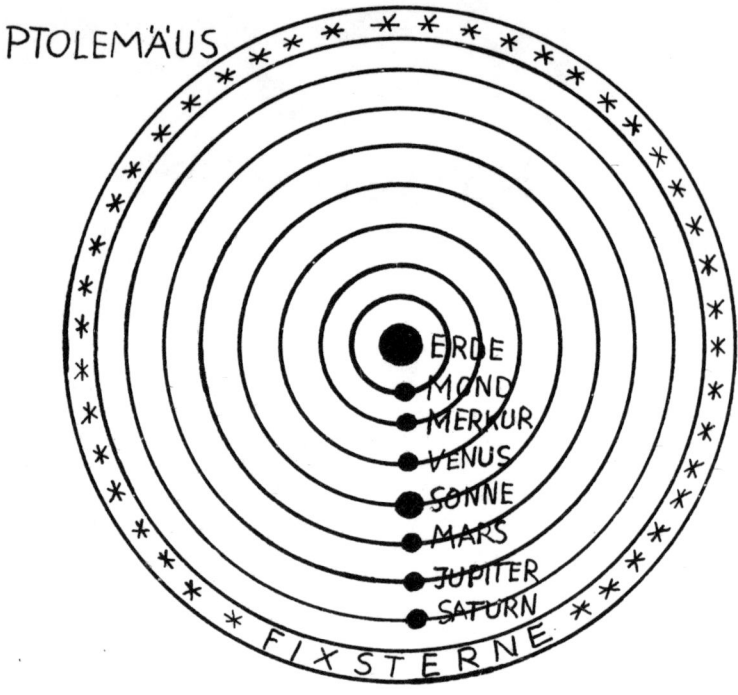

Das Ptolemäische System war bis zur Zeit des Kopernikus (1473–1543) maßgebend, dann folgte die Revolution, in der das geozentrische durch ein heliozentrisches Weltbild abgelöst wurde. In folgender Anordnung kreisen die Planeten um die Sonne: Merkur – Venus – Erde – Mond – Mars – Jupiter – Saturn. Jedoch war die Sonne als höchste Manifestation der Gottheit in gewisser Weise immer das Zentrum gewesen, und so fußt auch Kopernikus auf antiker Überlieferung. Der Wissende versteifte sich auch in alter Zeit keineswegs auf nur einen Aspekt der Weltschau, sondern machte je nach Maßgabe des Standpunktes, von dem aus gesehen wurde, entsprechende Aussagen.

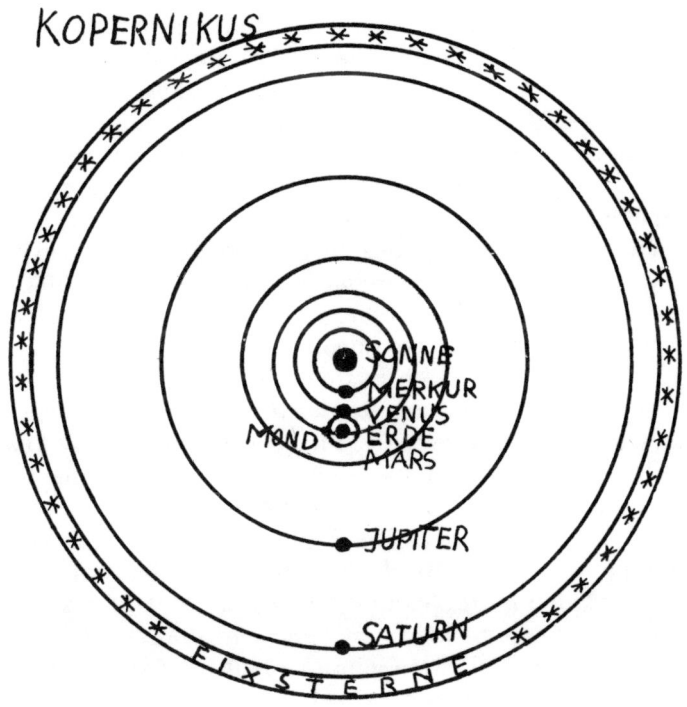

KOPERNIKUS

SONNE
MERKUR
VENUS
MOND ERDE
MARS
JUPITER
SATURN
FIXSTERNE

Auch Kepler (1571–1630), der das System des Kopernikus weiter entwickelte, bewunderte die seit altersher erkannte Geometrie des Kosmos, die sphärische Harmonie, jene »harmonikale Grundfiguration der Planeten«, der ein »eingeborenes, urbildhaftes geometrisches Vermögen der Seele« entspricht, mit der sie an die Geometrie des Kosmos angeschlossen ist. [56]

Wie der Wahrheitssucher des christlichen Abendlandes im 16. Jahrhundert das Weltbild sah, zeigt ein Holzschnitt: Da kniet der Pilger auf der Erde und streckt Hand und Haupt sehnsüchtig hinaus ins Freie. Aus der begrenzten Schau irdischer Gebundenheit will er durchstoßen zur Schau des Universums, zur Schau der Gottheit. (Abb. 1)

Es soll hier keine Geschichte der Wandlungen des Weltbildes vorgelegt werden. Nur einige wenige Streiflichter werden das Thema beleuchten. Dabei ist vor allem auch ein Blick auf die neue Revolution, die der Aufbruch zum Weltbild unserer Tage brachte, wichtig. Allerdings auch in diesem Fall nur ein Streiflicht: Auf der einen Seite hat die moderne Wissenschaft zum Beispiel mit der Mondlandung »ein fast unvorstellbares Maß an Zuverlässigkeit und Genauigkeit« demonstriert, woraus man erkennt, »auf einer wie festen Grundlage der Wahrheitsanspruch der neuzeitlichen Naturwissenschaft ruht«. [23, S. 342] Jedoch – ganz abgesehen von dem zweifelhaften Wert und Nutzen vieler dieser Errungenschaften und Leistungen, hat das Weltbild auf der anderen Seite vor allem durch die Relativitätstheorie und die Quantentheorie einen schweren Schock erlitten, indem die gültigen Systeme und Ordnungen sich als stimmig und nichtstimmig zugleich erweisen; daher spricht man, wie schon gesagt wurde, auch in der heutigen Naturwissenschaft vom offenen, dynamischen System, um zu einer realitätsgerechten Anschauung finden zu können. Man fühlt sich wieder veranlaßt oder sogar gezwungen, nach dem Ausschau zu halten, was größer ist als das Gesetz, auf das man sich so gerne verlassen hätte. Jean Gebser schreibt: »Der scheinbare Verlust an Feststehendem, an Fixiertem und damit an perspektivischer, räumlicher Gebundenheit führt zu einer aperspektivischen, raumzeitfreien Weltwahrung, welche dem kommenden Zeitalter das Gepräge geben wird.« [18, S. 43]

So wenig die exakten Naturwissenschaften mit der Mystik zu tun haben mögen, hier ist offensichtlich etwas Gemeinsames: Die Geheimlehren der alten Hochkulturen, die nicht zuletzt tatsächlich von den Naturgesetzen handelten, waren bestimmt durch das offene, dynamische System, zu dem nur der Berufene mit Hilfe eines Codes – und nach entsprechender Schulung – Zugang haben konnte. Viele Kultbilder sind ohne den geheimen Schlüssel nicht verständlich oder doch nur begrenzt entzifferbar, auf jeden Fall sind der Fehlinterpretation oder doch zumindest der unvollständigen Interpretation keine Grenzen gesetzt. Zudem steckt in vielem, was primitiv oder unsinnig erscheinen mag, verborgene Weisheit. Dies soll nicht entmutigen, wohl aber zur Behutsamkeit anregen.

Ob es wohl auch in bezug auf die Erkenntnisse der modernen Naturwissenschaft besser gewesen wäre, wenn man sie geheimgehalten oder doch nur wohldosiert veröffentlicht hätte? Abgesehen davon, daß vieles sich dem Wort entzieht und nur in mathematischen Formeln dargestellt werden kann und daher sowieso für den Laien »geheim« ist, hat man durch die Art der Laienaufklärung, der populären Darstellungen in vieler Hinsicht Schaden angerichtet. Der Mensch unserer Tage hat das heute vorgelegte Weltbild noch in keiner Weise verkraftet, es hat ihn vielmehr weitgehend verunsichert. Das zeigt sich in der allgemeinen ideologischen und moralischen Verworrenheit, in erheblichen psychischen und physischen Erkrankungen. Das Gleichgewicht ist schwer gestört. Man kann sogar sagen, daß die gängige Norm dessen, was man als gesundes Gleichgewicht bezeichnet, beim Krankhaften liegt. Mit anderen Worten, man hält noch für gesund und normal, was schon ins Krankhafte zu verweisen ist. Der »rechte Pfad« – wie er in den Heiligen Schriften der Menschheit heißt – wird weitgehend verfehlt.

Neben dem geozentrischen und heliozentrischen Weltbild ist nicht zuletzt auch das anthropozentrische zu nennen, das Ziel und Sinn der Welt im Menschen sieht. Hier ist die Quelle aller Hybris und Egozentrik zu finden, jedoch ebenso der Ansporn zu äußerster Verantwortlichkeit des Menschen, der aufgerufen ist, die sieben Stufen der Weltenpyramide zu ersteigen.

Wie die Erde die Sonne umkreist, so umkreist der Mensch sein eigenes Selbst, sein »besseres«, innerstes Ich, das er auf seinem Lebensweg zu entwickeln trachtet. So ist jeder Mensch sich selber Mittelpunkt, erfährt sich als Mittelpunkt. Immer sieht jeder die Welt so, wie er, nur er, sie sieht und sehen kann. Es gilt das Wort: Welt ist immer meine Welt!

Im alten Amerika kannte das Weltbild sieben Himmelsrichtungen: die vier uns geläufigen, außerdem oben und unten und als siebente das Selbst des Betrachters – als eines möglichen Mittelpunktes. In China kannte man fünf Himmelsrichtungen – die fünfte ebenfalls das Selbst des Betrachters.

In der Avesta gibt es eine Hymne an den Gott der sieben Himmelsrichtungen:

»Mithra, der rings um das Land ist, verehren wir,
Mithra, der inmitten des Landes ist, verehren wir,
Mithra, der innerhalb des Landes ist, verehren wir,
Mithra, der über dem Lande ist, verehren wir,
Mithra, der unter dem Lande ist, verehren wir,
Mithra, der hinter dem Lande ist, verehren wir.
Die beiden, Mithra und Ahura, die beiden hohen,
gefahren-entrückten ashaheiligen, verehren wir;
Sterne und Mond und Sonne und ... den Mithra verehren wir,
den Landesherren aller Länder.« [4, S. 221]

Wenn wir die Vorstellung der verschieden zentrierten Weltbilder in uns weiterwirken lassen, kommen wir zu dem Schluß,
daß es unendlich viele Zentren gibt! Weiterdenkend können
wir sagen: Jeder beliebige Punkt der Schöpfung ist Zentrum, ist
Kraftkern und schafft sich sein Feld. Das heißt: Überall ist
Schöpfung und Beginn, und die Ganzheit der Schöpfung ist ein
Kraftfeld, ist Energie. Und im Zentrum – wie im Mittelpunkt
eines Rades – fallen ewige Ruhe und ewige Energie zusammen.
Über diese uralte Mysterienweisheit wird im Kapitel »Mandala« noch einiges zu sagen sein.
Goethe spricht es in wunderbar einfachen Versen aus:

»Wenn im Unendlichen dasselbe
Sich wiederholend ewig fließt,
Das tausendfältige Gewölbe
Sich kräftig ineinander schließt,
Strömt Lebenslust aus allen Dingen,
Dem größten wie dem kleinsten Stern,
Und alles Kämpfen, alles Ringen
Ist ew'ge Ruh' in Gott dem Herrn.«

Der Sprung vom anthropozentrischen zum heliozentrischen
Weltbild ist ein Sprung von Innen nach Außen. Jedoch führt die
Lichtsehnsucht, mit der der Mensch sich der Sonne zuwendet,
wieder zurück in das eigene Innere. Der Christ drückt das so
aus: Die Christussonne und der Christus, der im Herzen des
Menschen geboren werden kann, sie sind eins.
Licht kann als ein bestimmter »Aggregatzustand« der Liebe

bezeichnet werden. Schwingung, die von den Augen als Licht wahrgenommen wird, nimmt die Seele als Liebe wahr, als Liebe und Seligkeit – je nach der Intensität und Reinheit des Lichtes und der Liebe.

Da uns aber die Welt nicht gegeben ist, um sie zu vernachlässigen oder sogar zu verachten, sondern um in ihren Gegebenheiten unseren Weg zu gehen, muß das im Innen und das im Außen geschaute Weltbild als eine Einheit erkannt und gelebt werden. Ein Gesetz, das auf den inneren Ebenen wirklich stimmt, hat auch auf der äußeren seine gültige Entsprechung.

Das innerste Selbst ist das Zentrum, ist gleichsam die Sonne, ist Atomkern, oder noch in einem anderen Bilde: Es ist »der Same der Unsterblichkeit«, wie es in der Überlieferung heißt.

Das absolute Zentrum ist der Kern der göttlichen Geometrie. Das absolute Zentrum – das Auge Gottes, das Sonnenauge – ist der Same der Schöpfung. Der Seinskern ist Same und ist auch Frucht. Im Seinskern sind Schöpfer, Geschöpf und Schöpfung eins.

ADAM, DER URMENSCH UND GOTT

Adam-Kadmon ist der Urmensch, wie ihn die alttestamentarische und kabbalistische Überlieferung sieht. Adam ist das hebräische Wort für Mensch. Der Ur-Adam ist der »obere Mensch«, er ist androgyn, Mann und Weib zugleich. Er ist Mensch, Makro-Anthropos und kosmischer Gott zugleich. Das Wissen vom paradiesischen Urmenschen wird auch in der abendländischen mittelalterlichen Überlieferung noch verstanden und gelehrt. Jacob Böhme (1575–1624) schrieb: »Der Kraftleib des Adams hatte keine Därmer. Mit dem Mund nimmt er die Essenz der Dinge in sich auf. Er ißt und trinkt noch unmittelbar aus dem Wesen der Dinge... Die ursprüngliche Form der Erkenntnis des Menschen ist der Blick. Adam richtet seine Augen ewig offen auf Gott, sein Bewußtsein ist ewig wach..., seine Betrachtung ist ewig auf das göttliche Urbild gerichtet ... er schaut die innere Fülle der Wunder Gottes in ihrer Einheit in Gott.« [6, S. 16]

Daß Adam die Schöpfung – Eva – mehr liebte als Gott, daß er sich selber mehr liebte als Gott, verursachte seinen Fall. Das war der Sturz aus der Einheit in die Vielheit, in die Verworrenheit. Der »obere Mensch« stürzte; Adam, der »untere Mensch«, wird gezeugt und zeugt selber, nicht anders als die Tiere zeugen und gezeugt werden.

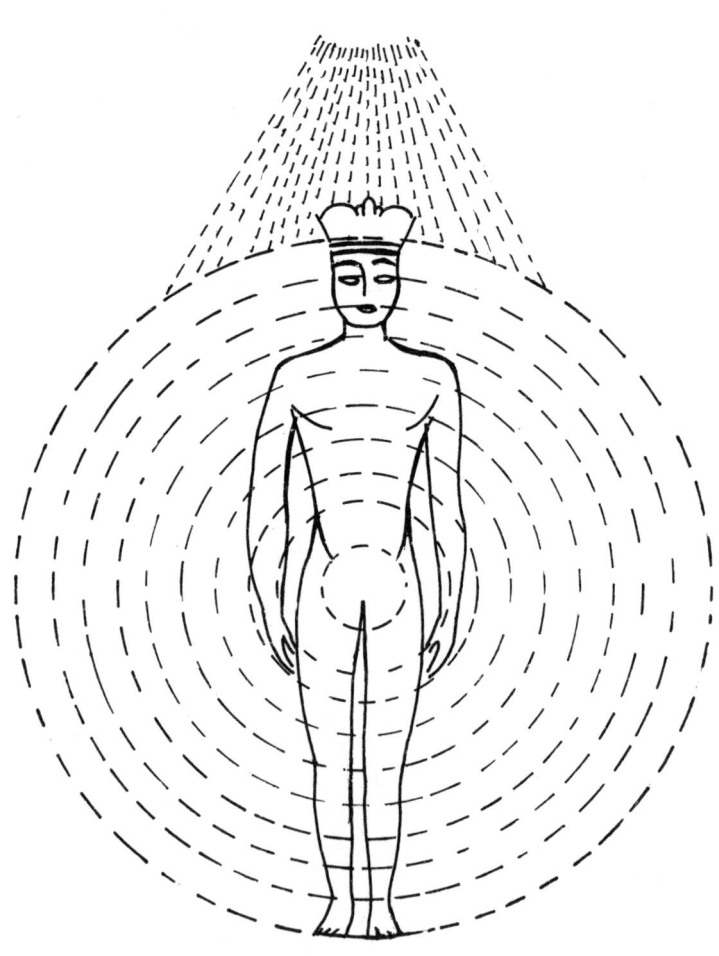

In der vorliegenden Darstellung ist Adam-Kadmon von zehn konzentrischen Kreisen umgeben, den zehn Sefirot. Das Urbild des Alls ist das des Menschen selbst, »sein unerschaffenes Sein, der ‚Höchste Mensch' (Adam ilaah); dieser nimmt samt der ganzen Schöpfung im unteren, erschaffenen Adam Menschengestalt an. Gott schuf die Welt und alles in ihr, indem Er den Oberen Menschen anschaute, der nichts anderes ist als die unendliche Einheit der zehn Sefirot. Er schuf alles im Bilde des Menschen, denn Er wollte durch das Geheimnis des Menschen verherrlicht werden« – so die Überlieferung in den Worten Leo Schayas. [46, S. 137]

Die heilige Zehn wird in der Kabbala – und nicht nur dort – als Grundlage des Weltplanes gesehen. Davon berichtet das Sefer Jezirah, das Buch der Schöpfung; es lehrt die Existenz des Einen Gottes, indem es zeigt, daß inmitten der Mannigfaltigkeit und Vielheit im Grunde Harmonie und Einheit besteht, die von dem Einen »Zusammenfasser« herrührt.

Auch die anderen überlieferten großen Lehren vom Weltwerden stellen dar, wie aus der Eins des ungeteilten, unteilbaren Gottes die Fülle ausströmt. Fragmente dieser Lehre kennt das Abendland vor allem durch die harmonikale Weltschau des Pythagoras, die auf uralter Überlieferung basiert. Auch hier die Lehre von der Tetraktys, das ist die Vierheit, nämlich die Summe der ersten vier Zahlen, die die vollkommene Zahl 10 ergibt. Die 1 ist der Schöpfer, die 0 der All-Eine, der weder zeugt noch gezeugt wird. Ein Beispiel aus dem alten China über das Thema der Auseinanderfaltung der Eins zur Schöpfung der zehntausend Dinge wird im Kapitel »Yin und Yang« behandelt.

Die ersten zehn Zahlen (Sefirot-Sphären-Kreise) sind die ersten Emanationen Gottes, es ist die stufenweise Hervorbringung der hierarchisch geordneten Schöpfung. Die erste Zahl des kabbalistischen Systems heißt »Kether«, das bedeutet Krone und ist der Geist Gottes selber. Die zweite Zahl, »Chokmah«, ist der Odem Gottes, hier sind die 22 Buchstaben des Alphabetes eingeprägt. Der Odem ist der Träger des Schöpfungswortes, und die Kabbala sagt – nicht anders als das Neue Testament im Johannes-Evangelium –: »Das Wort ist Gott.« Er ist das Wort, das Welt geworden ist. Jeder Buchstabe hat Teil am Odem Gottes und ist daher ein Name Gottes. Jeder Gottesname ist eine Eigenschaft des Einen, Allgegenwärtigen Gottes. Und wer es versteht, die Buchstaben und Worte richtig zu intonieren – so wie man Lichter anzündet –, ruft damit Gott an und bietet sich ihm dar. Das versteht man in der Kabbala unter dem »Pfad der Gottesnamen«. Dieses Geheimnis ist in allen großen Kulturen bekannt, im Hinduismus und Buddhismus in der Mantra-Praxis, im Sufitum in den Wasifas, heiligen Worten, durch die man sich in die Harmonie der Sphären einschwingen kann.

Die Zahl Drei ist das Wasser, sie heißt »Binah« und bedeutet Einsicht. Im Deutschen ist sprachlich noch die Verbindung zwischen Wasser-Wissen-Weisheit vorhanden. [33] Die Vier ist das Feuer, sie heißt »Chesed« und bedeutet Mitleid, Liebe, Güte. Die folgenden vier Zahlen sind die vier Enden der Welt und die letzten zwei ihre Höhe und ihre Tiefe.

Jeder Kreis bedeutet eine Eigenschaft Gottes und damit eine Tugend, die der gläubige Mensch in der Nachfolge anstreben sollte, wodurch er unterwegs ist, die Ebenbildlichkeit zu verwirklichen.

Jeder der Sefirot entspricht einem Planeten. Die kabbalistische Überlieferung kennt nämlich nicht nur acht, sondern zehn Planeten.

Man kann verschiedene Auslegungen der zehn Sefirot finden, jede zeigt die Eigenart der Urwesenheiten aus anderer Sicht. Zusammenfassend kann man sagen, daß sie die geistigen Urprinzipien darstellen, sie sind der Same, aus dem die »Zehntausend Dinge« der ganzen Schöpfung entstehen. Es können hier nur Andeutungen gegeben werden, ist die Kabbala doch eine Geheimwissenschaft, aber der Berufene wird Zugang finden.

In der Kabbala heißt es von den zehn Sefirot: »Herr der Welten, der Du Eins bist, aber nicht nach der Zahl – Du bist der Oberste aller Oberen, der Verborgenste aller Verborgenen: kein Gedanke vermag Dich zu fassen. Du bist es, der zehn Daseinsweisen hervorgehen ließ, sie werden die zehn Sefirot genannt. Durch sie lenkst Du verborgene Welten, die nicht offenbar werden, und in ihnen verbirgst Du Dich den Menschenkindern. Du bist es, der sie verknüpft und eint, und weil Du im

Inneren bist, darum gilt jeder, der unter diesen zehn eine von der anderen scheiden möchte, als setze er Dich in Scheidung ... Du bist es, der sie lenkt, aber es ist keiner, der Dich zu lenken vermöchte, weder von oben noch von unten, noch von irgendeiner Seite.«

Die zehn Kreise der Sefirot werden einmal so gezeigt, daß Kether, die Krone, im Mittelpunkt, ein andermal so, daß sie an der Peripherie steht. Es werden also Innen und Außen ausgetauscht, es sind die Kreise,»deren Ende den Anfang berührt«. [46, S. 135] Erst im Sowohl-als-auch, im Miteinander und Ineinander des Innen und Außen wird das metaphysische Weltbild erahnbar; erst im Paradoxon zeigt sich andeutungsweise das Geheimnis der geistigen Welt; Punkt und Kreis, Mittelpunkt und Kugel sind wesenhafter Ausdruck der göttlichen Geometrie.

So wie es in den Sprüchen Salomos heißt:»Die Urkugel, deren Mitte überall und deren Umfang nirgends ist« – das ist göttliche, überräumliche, überzeitliche Geometrie. Der Punkt ist der absolute Raum im Nichtraum, ihm entspricht auf der Ebene der Zeit das»Jetzt«. Es ist der absolute Punkt zwischen dem Gewesenen und dem Kommenden, zwischen Vergangenheit und Zukunft. Dieses»Jetzt« ist die eigentliche Ewigkeit, ist Gott. Das meditiert der Mystiker im Sinne der Worte»Laß los, was vor, laß los, was hinter dir, laß los, was mitten ist«. [16] Im Augenblick der Erleuchtung wird die Welt eingesogen in den Trichter des absoluten Jetzt.

Hierzu heißt es bei dem Sufi-Mystiker Jelal-ud-din Rumi:

»Kreisend um die ewige Mitte,
Die da Gott,
Dröhnend um die innere Stille,
Die in Gott,
Wirf alle Not von dir und schwinge
Dich um Gott,
Über Sonn und Morgenröte
Hin vor Gott:
Wer Gewalt des Reigens spürte,
Lebt in Gott.« [41, S. 15]

Und der griechische Kirchenlehrer Gregor von Nazianz (4. Jahrh. n. Chr.) schrieb: »In Dir ruht das All und schwingt sich zugleich Dir entgegen. Denn es mündet in Dir, der Du Einer bist und alles und doch wieder keines von allen...« [12, S. 102]

In der vorliegenden Abbildung ragt die Lichtkrone des Adam-Kadmon über die Sefirot hinaus; denn wenn sich die Krone der Erleuchtung entwickelt, d. h., wenn sich die geistige Wiedergeburt und kosmische Einweihung ereignet, hat der Mensch heimgefunden und ist dem Kreisen der Welten in ihrer ewigen Wiederkehr, den mechanischen Abläufen, dem gebieterischen Gesetz der Sterne nicht mehr unterworfen. Sein Bewußtsein ist im All erwacht, er ist wieder zum »oberen Menschen« geworden.

Das also ist der Weg: Der Ur-Adam ging verloren, nun sind wir »der alte Adam«, der gefallene; und der neue Adam muß wieder geboren werden – es ist der »Christus in uns«.

Der »obere Mensch« lebte im Anblick Gottes, der »untere Mensch« sehnt sich unaufhörlich aus seiner Dunkelheit und Blindheit zurück zum Anblick Gottes. Alle Andacht und Meditation, alles Gebet aus dieser Sehnsucht nach Heimkehr wird zu immer tieferer Gottesliebe und schließlich zu einem ständigen Stehen vor Gott.

Für Menschen, die der Religion entfremdet sind, ist es nicht leicht zu verstehen, was der »Christus in uns« bedeutet. In der Überlieferung steht er der »Sophia in uns«, das heißt der Seele, soviel wie gleichbedeutend gegenüber oder zur Seite.

Das Wort Sophia steht auch im Zusammenhang mit dem Wort »Sufi«, es bedeutet außerdem »Reinheit«, ist Sophia doch die »reine Jungfrau«, die »reine Weisheit«. Das Sufitum ist eine esoterische Schule aus uralter Überlieferung, die im Islam auch geschichtlich greifbare Gestalt annahm. Das Sufitum ist keine Religion, sondern ein geistiger Standpunkt im Sinne der Universalreligion, zu der alle Konfessionen gehören. Sie spricht zu jedem, der Gott sucht, in der ihm verständlichen Sprache, in seinen Bildern und Gleichnissen. Der Kirchenlehrer und Heilige Augustinus (354–430) schrieb aus diesem Geist die Worte: »Was wir christliche Religion nennen, hat von Anbeginn der Menschheit an bis zur Inkarnation Christi immer existiert. Nur daß die ewige Religion von diesem Zeitpunkt an Christentum genannt wurde.« Das ist universales Christentum, wie es im Abendland wohl am prägnantesten Jakob Böhme (1575–1624) vertreten hat.

Die Sophia der Überlieferung gilt als Jesus' »himmlisch Fleisch und Blut«. Sophia ist die »Jungfrau des inneren Menschen«. All diese Worte werden dem psychologisch Geschulten verständlich, wenn er für Jesus und Sophia die Begriffe Animus und Anima setzt, entsprechend der Lehre C. G. Jungs. [32] Es geht hier um den Individuationsprozeß, das heißt um die Entfaltung des inneren Menschen, der sich aus der sklavischen Abhängigkeit von der Geschlechtlichkeit löst, wodurch der Leib zum willigen und fähigen Instrument der Seele und des Geistes wird, zum Werkzeug des »summum bonum« in der Welt.

In der mittelalterlichen christlichen Mystik wird von der geheimnisvollen himmlischen Sophia gesagt, daß der inwendige Mensch mit ihr in einer heiligen geistigen Ehe steht. Sophia ist die himmlische Braut, ist die Liebe selber. »Jesus ist Sophia, und Sophia ist lauter Liebe.« Weiter heißt es: »In solcher reinen Liebe öffnet sich Jesu, als die reine Sophia: Denn Jesus ist den Männern eine Jungfrau, und den Frauen ein Mann; er ist der rechte gantze Adam mit beyden Tincturen.« [6, S. 120] Dies die Worte des Böhme-Schülers Gichtel.

Jakob Böhme hat in seiner Christosophia [10] den Mythos vom himmlischen androgynen Urmenschen, unter dem Einfluß platonischer und kabbalistischer Lehren, herausgearbeitet. Er, der erleuchtete Meister und esoterische Lehrer, hat das christliche Abendland bis in die Jetztzeit mit seiner Lehre zutiefst beeinflußt. Hierüber gibt das Werk *Adam* [6] des evangelischen Theologen und Professors der Kirchengeschichte Ernst Benz ausführlichen Aufschluß. Böhme hat den Mythos vom androgynen Urmenschen zum Mittelpunkt einer christlichen, esoterischen Anthropologie erhoben, womit er verständlicherweise bei der zeitgenössischen Orthodoxie auf heftigen Widerstand stieß. Nach Böhme ist in Christus die ursprüngliche androgyne Ganzheit wieder hergestellt, und jeder Gläubige kann in der Nachfolge – wenn die Zeit reif dafür ist – ebenfalls zur Wiederherstellung der vollen androgynen Geistleiblichkeit finden. [6, S. 54] Es ist dies eine Weise, über die Chymische Hochzeit zu sprechen.

Der androgyne Adam-Kadmon im Kreis der kosmischen Sphären, uranfängliches Inbild des Christus, stellt die höchste Form des anthropozentrischen Weltbildes dar, in dem Mensch und Kosmos, Mensch und Gott vereint sind.

DIE PYRAMIDE

In den Hochkulturen hat Architektur sakralen Charakter; sie will und muß Abbild der Weltordnung sein. Darum wird sie nach kosmischen Gegebenheiten gestaltet. Um nur ein Beispiel zu nennen: Sie wird nach den vier Hauptsonnenständen geortet. Durch die Beziehung zur Sternenwelt stellen die antiken Bauwerke gleichsam steinerne Astronomiebücher dar. (Abb. 2)

Zu den sakralen archetypischen Gestalten, die in irgendeiner Weise in fast allen Kulturen zu finden sind, zählt der Berg. Als Pyramide ist er im Zweistromland, in Ägypten, in Alt-Amerika zu finden. Andere Kulturen, die nicht oder nicht mehr nachweisbar Pyramiden bauten, kannten aber doch den heiligen Berg, den Hügel mit dem heiligen Baum und den Grabhügel.

Die Pyramide ist das Symbol für den Urberg, sie soll das Werden der Erde, ihre Geburt, ihr Auftauchen aus dem Urgrund oder Urwasser darstellen. Im Urberg befindet sich die Urhöhle, aus der das Leben hervorgeht, gezeugt von der Sonne. Die Sonne »fährt nieder in die Tiefe«, aus der dann Geburt geschehen wird. Daher werden sowohl die Berge als auch die darin befindlichen Höhlen heilig gehalten. Berg und Höhle gehören symbolisch zusammen wie Sonne und Mond, Tag und Nacht, Innen und Außen.

Die Höhle ist der Mutterschoß, und – wie es der indianische Mythos besonders eindrucksvoll schildert – in die Höhle kehrt der Mensch nach vollendeter Erdenreise zurück. So wird die Pyramide in einigen Kulturen auch zum Mausoleum, sie galt früher als Heimat und Stätte der Jenseitigen, die auf der Reise in die andere Welt waren.

Die Pyramide stellt die Erde als einen Stufenberg dar. Der Himmel aber ist ein ebensolcher Berg, ins Kosmische übertragen. Besser gesagt: Die Erde spiegelt in ihrem Aufbau den Himmel wider, das heißt das Gesetz des Kosmos.

Es gibt Pyramiden, die man auf breiten, hohen Treppen ersteigt, andere, die spiralförmig umwandert werden, bis man den Gipfel erreicht. Der Weg führt über viele, meist sehr mühsam zu ersteigende Stufen aufwärts. Auf- und Niedersteigen, ewige Wiederkehr und Wiedergeburt. Das Oben steigt hinab, das Unten steigt hinauf und wird erhöht.

»Des Menschen Seele
Gleicht dem Wasser:
Vom Himmel kommt es,
Zum Himmel steigt es,
Und wieder nieder
Zur Erde muß es,
Ewig wechselnd.« (Goethe)

Stufen sind das Sinnbild für die Wellenlinie der ewigen Lebensbewegung und werden in der Symbolik oft entsprechend dargestellt.

Der Aufriß der Pyramide ist das Dreieck, und dieses ist die geometrische, symbolische Darstellung der Trinität: Da ist die Erdbasis – das Dunkle, die Sonnenspitze – das Licht, und die beiden Schenkel des Dreiecks stellen als Stufenweg die bewegende Kraft dar, durch die Oben und Unten im Kreislauf vereint sind.

Es ist somit auch in der Pyramide symbolhaft der Kreislauf des Lichtes dargestellt, wie er im Menschen in Gang gesetzt werden soll; und die Pyramide wird gleichsam als architektonisches Abbild des Menschen verstanden. Von der Erdbasis zur Sonnenspitze, vom Schoß zum Scheitel, das ist der Weg von der irdischen zur geistigen Geburt.

Mit der breiten Basis wurzelt und ruht die Pyramide in der Erde; aufwärts führt der Weg von der irdischen Leidverkettung zur Befreiung im Licht. Der Gipfel der Pyramide ist – sichtbar oder unsichtbar – die Stätte des höchsten Heiligtums, hier thront und wohnt die Sonne, hier erklingt der höchste »Sonnenton«. Auch die Stufenleiter der Töne, die aus der Tiefe zum lichtesten Ton führt, ist Inbild und Sinnbild der durch das tönende Urwort entstandenen Schöpfung. Sinnfällig stellt zum Beispiel die indianische Panflöte eine Pyramide dar.

An der Hochkultur des alten Peru sei gezeigt [61], wie der Pyramidengedanke die kultische Kunst durchwirkt. Man hat ungezählte Pyramiden gefunden, und fast immer ist der größeren Sonnenpyramide die kleinere Mondpyramide zugeordnet. Die »Götterstadt« Machu Picchu ist ein zur Stufenpyramide umgestalteter Berggipfel mit ungezählten Terrassen und Treppen; in der Mitte des Hauptplatzes steht ein Obelisk, Intihuatana genannt, das heißt »Sonnenfessel«. Die Spitze des Obelisken gilt als der Thron der Sonnengottheit.

Der Obelisk ist Altar und Sonnenuhr, astronomisches Werkzeug. Jeder Kirchturm, in dem die Wendeltreppe aufwärts zu den Glocken, zum dröhnenden Tönen, führt, ist hierfür eine Entsprechung. Auch wenn er nicht mehr als astronomisches Werkzeug dient, so ist er heute zumindest doch noch Träger einer Normaluhr.

Ungezählte Keramikkrüge aus den Gräbern des alten Peru sind als Symbol für die Pyramide zu verstehen. Der bauchige Krug ist Symbol für den Urberg, in dem sich die Urhöhle befindet; aus diesen Krügen trinkt man das Lebenswasser, das einst heilige Getränk, die Chicha. Oft wird auf den Krügen der Spiralweg der Sonne in Gestalt einer Schlange dargestellt, die sich um das Gefäß windet, aufwärts, bis zum Sonnenheiligtum, das etwa mit dem Pumakopf – der Puma ist Symbol für die Sonnengottheit – gekrönt ist.

Von großartiger, lapidarer Aussagekraft ist ein Krug mit einem sich aufwärts windenden Schlangenweg, auf dem schnekkenartige Wesen emporkriechen, ihr Gehäuse auf dem Rücken, das mit seinen Windungen noch einmal den spiralförmigen Weg wiederholt. Das schneckenhausartige Muschelhorn war kultisches Musikinstrument – als wolle man damit das Schöpfungslied anstimmen, um sich zur Sonne aufzuschwingen. (Abb. 3)

Tatsächlich ist die Spirale ein Symbol, das von der Sonne her zu verstehen ist. Sie zeigt die Bewegung der Sonne, beziehungsweise die Sonne als bewegende Kraft. Der Symbolforscher Julius Schwabe sagt dazu: »Die Sonne beschreibt im Lauf eines Halbjahrs ein System räumlich gelagerter Bogen, von denen einer immer kleiner als der andere ist, einer liegt im

100

anderen, wenn man sie in eine Ebene projiziert.« [52] So ist der spiralförmige Weg zum Gipfel als eine Darstellung des Sonnenweges zu verstehen. In unserem Kulturkreis hat Goethe den Schicksalsweg des Menschen in der Gestalt der Spirale geschaut.

Oft wird im alten Peru die Pyramide durch das Symbolzeichen des Dreiecks dargestellt und in dessen Mitte die Sonne: Die zeugende Sonne im Innersten der Welt, Vereinigung von Himmel und Erde.

Auf den Keramiken und Geweben findet man noch ein typisches Symbol: Der auf der Basis stehenden Pyramide ist eine auf der Spitze stehende zugesellt. Dieses Bild zieht sich in unzähligen Wiederholungen gleich einem Ornamentband über die Mantos (Totentücher). Wenn etwas auf dem Kopfe stehend dargestellt wird, ist – in der so verblüffend einfachen Symbolsprache der Alten – Jenseitiges gemeint, die Welt der Götter.

Oft wird gezeigt, wie die beiden Pyramiden einander mit der Spitze berühren, sie bilden dann die Gestalt des Schrägkreuzes. Wo die Spitzen zusammentreffen, ist der absolute Mittelpunkt der göttlichen Geometrie. Hier ist der Mittelpunkt des Seins, das Jetzt, die Stätte, an der Himmlisches und Irdisches sich miteinander verbinden, die Stätte der mystischen Einung. Darum steht auf dem Gipfel der Pyramide das höchste Heiligtum – so einfach und klar sind die Aussagen der ursprünglichen Symbole, und sie treffen im wahrsten Sinne des Wortes den Kern. Was mit vielen Worten nicht erklärt werden könnte, vermittelt das Symbol in wenigen Strichen.

Von der Bildgestalt des Schrägkreuzes wäre noch vieles zu sagen. Die Basis des oberen Dreiecks bedeutet die Veran-kerung in der oberen Welt, die Basis des unteren Dreiecks die Verwurzelung in der irdischen Welt. Das eine ist der Baum der Erkenntnis, das andere der Baum des Lebens. Im Alten Testa-ment heißt es: »Und Gott der Herr ließ aufwachsen aus der Erde allerlei Bäume, lustig anzusehen, und gut zu essen, und den Baum des Lebens mitten im Garten und den Baum der Er-kenntnis des Guten und Bösen.« (1. Mose 2, 9)

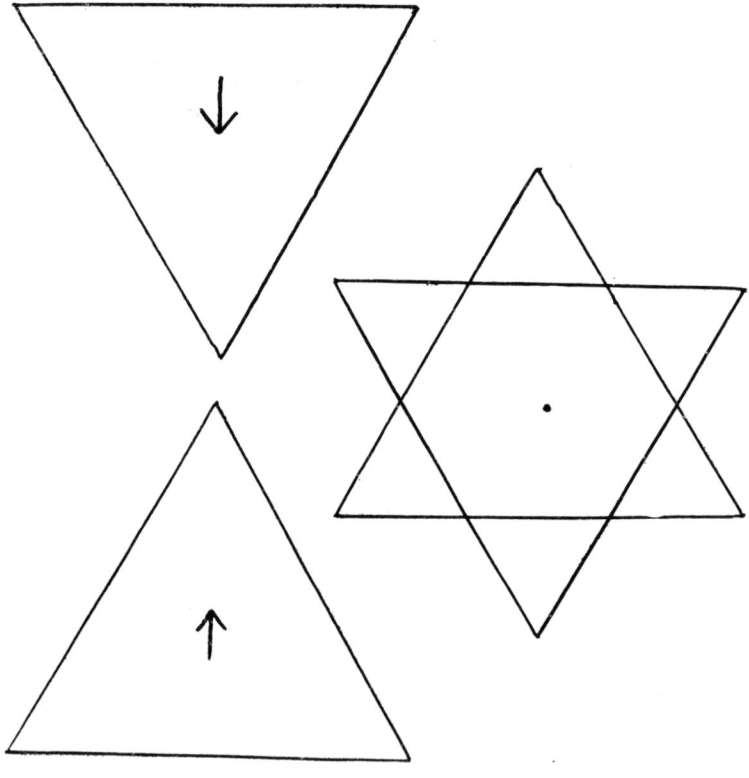

Wo die Spitzen der beiden Dreiecke sich treffen, wird manchmal ein Haupt dargestellt, manchmal auch das Herz oder eines seiner Symbole. Wenn die beiden Dreiecke – das eine nieder-, das andere aufsteigend – einander durchdringen, entsteht der sechsstrahlige Stern, Symbol des Herz-Chakras. Die Sinnfülle dieser Symbole ist unerschöpflich.

In der Pyramidengestalt ist auch das Wissen um die Hierarchie der Schöpfung dargestellt, jener Stufung, nach der nicht nur die Welt geordnet ist, sondern auch der Heimweg der Seele zu ihrem Ursprung. Entgegen einer Weltanschauung, die wohl dadurch entstand, daß man sich abgestoßen und enttäuscht fühlte von angemaßten und mißbrauchten hierarchischen Ansprüchen, weshalb man von einem »Oben« nichts mehr wissen will und die Autorität ablehnt, hat heute auch die moderne Wissenschaft – vor allem in der Ontologie – wieder zum Begriff der Hierarchie gefunden: Sie spricht von einem Stufenreich der Wirklichkeit. [64, S. 132]

Der große arabische Arzt und Sufi-Mystiker Averroes (1126–1198) schrieb:»Das Weltall verhält sich wie die Stadt edler Bürger. Wenn dieselben auch viele leitende Autoritäten besitzen, so bilden diese doch eine kontinuierliche Kette, die hinführt zu einer einzigen, obersten Leitung, und erstreben ein einziges Ziel« – das ist der Pyramidengedanke! [63, S. 20, 4]

YIN UND YANG, DAS HEXAGRAMM DES I GING UND DAS KREUZ – DREI SYMBOLE DES EINEN IM ALTEN CHINA

In China folgten nicht nur die Taoisten, sondern auch die Konfuzianer und die Buddhisten der Lehre vom Tao.

Was ist das Tao? Alle Übersetzungen dieses Wortes können nur Annäherungen sein. Tao ist der Weg und das Ziel, das Eine und Alles, Geben und Empfangen. Es wird sowohl als Schöpfer wie auch als »Mutter des Universums«, d. h. als Gottheit, angesprochen.

Tao, das ist der Weltsinn und der Weg dorthin. Lao-tse gilt

als der große Meister und Wiederbeleber des Taoismus (6. Jahrh. v. Chr.); in der »Bibel« des Taoismus, dem »Tao-te-king«, dem »Heiligen Buch vom Weg und von der Tugend«, schreibt er:

»Könnten wir weisen den Weg (Tao),
Es wäre kein ewiger Weg.
Könnten wir nennen den Namen,
Es wäre kein ewiger Name.
Was ohne Namen,
Ist Anfang von Himmel und Erde;
Was Namen hat,
Ist Mutter den zehntausend Wesen.« [37, 1. Kap.]

Tao ist »der rechte Weg«, das heißt der Weg des Himmels und des Menschen. Himmel und Erde werden auch hier als makromikrokosmische Einheit gesehen; Kosmos und Mensch gehorchen einem gemeinsamen Gesetz:

»Der Mensch nimmt zum Gesetz die Erde;
Die Erde zum Gesetz den Himmel;
Der Himmel zum Gesetz den Weg (Tao);
Der Weg nimmt zum Gesetz das eigene Weben.«
[37, Kap. 25]

Wenn wir jeweils bei dem Worte »Weg« verharren und hierfür Tao und Weltsinn denken, kommen wir der Bedeutung dieser wunderbaren Verse näher.

Aus dem Tao entsteht die Schöpfung, entstehen die beiden Urprinzipien der Wirklichkeit, nämlich jene Linie, deren einer Endpunkt »das Lichte«, das heißt »Yang«, und deren anderes Ende »das Dunkle«, nämlich »Yin« ist – das Schöpferische und das Empfangende. Daher heißt es weiter bei Lao-tse:

»Der Weg schuf die Einheit.
Einheit schuf Zweiheit.
Zweiheit schuf Dreiheit.
Dreiheit schuf die 10000 Wesen.
Die 10000 Wesen

Tragen das dunkle Yin auf dem Rücken,
Das lichte Yang in den Armen.
Der Atem des Leeren macht ihren Einklang.«
[37, Kap. 42]

Der Weg vom Tao zum Tao, Involution und Evolution, ist *der* Weg. Er führt in die Welt hinein und aus der Verstrickung in die Welt der 10000 Dinge wieder zum Tao zurück; das ist »Heimkehr zum Leben«, »Rückkehr zur Wurzel«.

Das Tao wird im uralten Symbolzeichen des Yin und Yang dargestellt. Es besteht aus der vollkommenen Gestalt des Kreises, der durch eine wellenförmige Linie symmetrisch geteilt ist. Die eine Hälfte ist dunkel – Yin, die andere hell – Yang. Jedoch befindet sich im Yang-Feld ein dunkler und im Yin-Feld ein heller Punkt. Diese beiden Punkte symbolisieren das Gesetz der ewigen Wandlung, denn im Hellen keimt das Samenkorn des Dunklen und im Dunklen das Samenkorn des Lichten. Die wellenförmige Trennungslinie bedeutet Bewegung, Leben; damit wird das dynamische Prinzip des Tao symbolisiert: Der Yin-Yang-Kreis kreist. Es ist das Kreisen des Alls, des Mikromakrokosmos. In unendlichem Kreisen wandelt sich das Licht zum Dunkel, das Dunkel zum Licht.

In der Praxis des Tao wird ausdrücklich darauf hingewiesen, daß es sich um den Kreislauf des Lichtes handelt. Keine Definition kann den Begriff des Tao erreichen; man muß den Weg gehen, um zu wissen, was der Weg ist. Im Buch von der

Goldenen Blüte [21] ist die Goldelixierlehre, die altchinesische Lehre vom Tao, überliefert. Allerdings wird man zu ihr ohne einen geistigen Lehrer schwer Zugang finden. Wem wird sich das Tao offenbaren? Darauf gibt es eine sehr klare und einfache Antwort, und sie stimmt überein mit den Antworten, die die Mystiker der anderen großen Schulen geben: Dem öffnet sich der Weg, der frei von selbstischer Begierde, der reinen Herzens und einfältigen Geistes ist. Denn, so schreibt Lao-tse:

»... in der Stille des reinen Herzens,
Schaust du der Erscheinungen Flucht
In ewiger Wiederkehr« – und:
»Weil er ohne Eigennutz,
Darum vermag er das Eine zu vollenden.« [37, Kap. 7]

Der erste Satz der Goldelixierlehre lautet:»Die Natur heißt Tao. Tao hat weder Namen noch Gestalt. Es ist die innere Natur des Seins, der Eine Geist. Die innere Natur und das Leben sind unsichtbar; sie werden gehegt im Licht des Himmels. Das Himmelslicht ist unsichtbar: es wohnt im Zenit zwischen den beiden Augen.« [21, S. 93]
Hierin liegt ein verborgener Hinweis auf die Methode: Das Himmelslicht wohnt im Zenit zwischen den beiden Augen – das ist die Stätte des dritten Auges. Im Schauen mit dem dritten Auge wird Tao erfahren. Es wird entfaltet, geöffnet durch die richtig geleitete Meditation und die Technik des meditativen Atems:»Das Ein und Aus des Atems in der Meditation ist die Erfahrung des Tao schlechthin«, und die Stille, in die man durch die Rhythmisierung des Atems eintritt, ist jene Stille des Himmlischen Geistes, aus der das Yin-Yang-Tao zu lebendiger Kraft erwacht, heißt es ebenfalls im Geheimnis der Goldenen Blüte. [40, S. 48 u. 83]
Der Weg des Tao ist der Weg nach innen. Yin heißt auch Stille, Innenschau. Dazu sagt Lao-tse:

»Ohne das Tor zu verlassen
Kannst du das Erdreich umfassen;
Ohne durchs Fenster zu spähn,

Den Weg des Himmels sehn.
Je weiter wir hinausgegangen,
Desto geringer wird unser Verstehen.

Deshalb der Heilige Mensch:
Ohne zu wandeln, versteht er;
Ohne zu sehen, benennet er;
Ohne zu tun, vollendet er.« [37, Kap. 47]

Je weiter wir nach außen, an die Peripherie des Schöpfungs-
kreisens hinausgegangen sind, desto geringer wird unser Verstehen: Wir werden also angewiesen, uns nicht mehr auf dem
Weg der Spirale hinausschleudern zu lassen, sondern den Weg
ins Zentrum zu suchen. Dieses Zentrum ist die Goldene Blüte,
es ist das Selbst, das »Himmlische Licht des Yin-und-Yang-
Tao«.
Für manchen taucht vielleicht wieder die Frage auf, ob diese
»Heimkehr« ihn nicht zu unguter Weltflucht führen wird.
Lao-tses Antwort lautet: »Des Himmels Weg: Er nützt, ohne zu
schaden.« [37, Kap. 81] Was für ein Wort! Es bedeutet ja nicht
weniger, als daß derjenige, der das Tao verwirklicht hat, so in die
Welt hineinwirkt, daß er nützt, ohne gleichzeitig zu schaden,
daß er also das Gesetz, das die Inder »Ahimsa« nennen, das
Gesetz des Nicht-Schädigens, erfüllt.

In dem alten chinesischen Weisheits- und Orakelbuch, dem
I Ging, wird das Gesetz des Tao noch durch ein anderes Symbolzeichen dargestellt, dessen Grundelemente eine geteilte

und eine ungeteilte waagerechte Linie sind. Jedes Zeichen besteht aus sechs solcher Linien, also einem Hexagramm. Von diesen Sechsergruppen kann man 64 verschiedene Kombinationen herstellen. Mit Hilfe von Schafgarbenstengeln, die in bestimmter Ordnung aufgenommen und gelegt werden, erhält man eines der 64 Zeichen und schlägt dann im Orakelbuch dessen Bedeutung nach. Das Orakelbuch gibt mit seinen 64 Zeichen scheinbar eine mechanische Zahlenmystik, als sei hier absolut festgelegt, was es an Zuständen und Konstellationen im Himmel und auf Erden geben kann. Jedoch ist das Wesen der 64 Zeichen gerade dieses, daß sie nicht statisch sind, sondern ineinander übergleiten und -strömen. Es sind Bilder ständig wechselnder Übergangszustände, sie zeigen die Bewegungs- und Neigungstendenz einer Situation. Das I Ging ist »das Buch der Wandlungen«. »Tao wandelt sich stets, bewegt und wandelt sich rastlos.« [40, S. 50] Mit anderen Worten: die urewig kreisende Bewegung der polaren Yin- und Yang-Kräfte. Der Zustand des Tao ist – so paradox das klingen mag – dynamisch. Das zeigt auch das chinesische Schriftzeichen für »Tao«. Es ist ein »Geleise, das – selber feststehend – von einem Anfang aus direkt zum Ziel führt«. [21, S. 91]

Auf folgende Weise entsteht die kreisende Bewegung der I Ging-Hexagramme: Die gebrochene Linie hat die Tendenz zu fallen, die ungebrochene die Tendenz zu steigen. Als Beispiel das oben abgebildete Zeichen Tai, das ist Frieden: Die drei oberen, gebrochenen Linien bedeuten die Erde und haben die Tendenz herabzusinken. Die drei unteren, ungebrochenen Linien, mit der Tendenz des Steigens, bedeuten den Himmel. So steigt also das untere Zeichen, der Himmel, aufwärts; und das obere, die Erde, neigt sich; kreisend vereinigen sich Himmel und Erde. Wenn aber Himmel und Erde in Einklang und Einung sind, löst dies Frieden aus, und es ist zugleich der Augenblick der Erleuchtung und der vollkommenen Liebe. (Dieses Zeichen stellt dasselbe dar wie das im Kapitel über die Pyramide gezeigte Schrägkreuz, in dem sich die beiden Dreiecke zum Stern des Herz-Chakras vereinigen).

Ebenso wie der Yin-Yang-Kreis drückt also auch das Hexagramm des I Ging das Gesetz und Sein des Tao aus. Man könnte auch hier wieder fragen: Wenn »im Unendlichen dasselbe sich wiederholend« ewig kreist, sind wir dann nicht doch auf das grausame Rad des Immergleichen und der Immerwiederkehr geflochten? Diese Frage liegt bei aller Radsymbolik nahe. Hierzu wird im Geheimnis der Goldenen Blüte gesagt:»Inmitten des Urwerdens ist der Schein des Lichten das Ausschlaggebende. In der Körperwelt ist es die Sonne, im Menschen ist es das Auge.« [21, S. 112]

Es wird hier klar gesagt, daß das Licht- und Lebensprinzip die Führung innehat! So ist dieses scheinbar mechanischmathematische System der beiden Urkräfte tatsächlich ein offenes System, hinzielend zum unnennbaren Licht! Das bedeutet eine bejahende Weltschau der Hoffnung, wie sie alle Religionen lehren; und dies zu erkennen, ist lebenswichtig gerade für den heutigen, oft in achselzuckender Resignation gefangenen Menschen.

Sehr wichtig ist es auch für den wissenschaftlich orientierten Menschen, daß der Arzt Martin Schönberger [49] eine offensichtliche Parallele des I Ging-Systems zum Genetischen Code gefunden hat, zu jener Entdeckung (1953), die zu den Meilensteinen in der Geschichte der Menschheit gehört, gleichzusetzen der Spaltbarkeit des Atoms.

Beim Genetischen Code geht es um folgendes: In jeder einzelnen Zelle befindet sich ein aufgespulter Doppelfaden, der sogenannte DNS-Faden (ein Kettenmolekül), auf dem gleich einer Matrize der »Erbbrief« des jeweiligen Lebewesens vollständig programmiert verzeichnet ist. Beim Menschen bedeutet das zum Beispiel, daß in jeder einzelnen Zelle ein DNS-Faden mit – wie gesagt wird – fünf Milliarden Informationen, »Wörtern«, Impulsen aufgespult ist, das heißt, das komplette Programm für seine Struktur, sein Verhalten, Anpassung und Schicksal. Der Genetische Code wurde daher auch als »Das Buch des Lebens« bezeichnet; tatsächlich wurde hier ein System von universaler Geltung gefunden. Werner Heisenberg formulierte:»Die Gesamtheit der Informationen (im Genetischen Code) ist gewissermaßen die platonische Idee des Lebewesens.«

Ähnlich wie im Genetischen Code das Lebensprogramm bis zu einem gewissen Grad abgelesen werden kann, besser gesagt, abgelesen werden könnte, so auch im I Ging, das den Extrakt altchinesischer Naturerkenntnis enthält. Und nun ergeben sich – laut Schönberger – erstaunliche Parallelen in Aufbau und Struktur des I Ging und diesen jüngsten Erkenntnissen der Biologie, der Nukleargenetik, indem nämlich Anordnung, Zahlenrelationen und vieles andere einander entsprechen. Danach könnten der Weltcode I Ging und der Genetische Lebenscode beide als Schlüssel zum Leben und seinen Geheimnissen betrachtet werden; in ihren Symmetrien und Grundformen repräsentieren sie die Struktur des Kosmos, sind beide realitätsgerechte Erfassungen der Natur, zeigen beide – wenn wir der Hypothese Schönbergers folgen – in ihren 64 »statisch-dynamischen Kraftfeldern« den Bauplan der Welt.

Modern ausgedrückt, könnte man sagen, daß der Genetische Code das Schaltschema eines Computers mit 64 Einheiten ist. Allerdings zeigt sich beim I Ging, daß hier die Gesetzmäßigkeit nicht nur im Physischen, auch nicht nur im Biologischen gesehen wird, sondern darüber hinaus das Seelische gültig umgreift. Das I Ging stellt das physio-psychische Schicksalsprogramm auf, in das außerdem noch das geistige Moment der freien Entscheidung einbezogen ist. Über die biologische Einsicht hinaus, wie sie der Genetische Code vermittelt, sahen die Weisen der alten Zeit die Einheit von Körper, Seele und Gemüt im Geiste und zeigen daher in ihrer Weltschau – mit den Worten Schönbergers –, wie »der Mensch jeden Moment an die Weichenzunge des Schicksals gestellt ist«.

Den Unterschied zwischen einem Computer und dem Weltcode I Ging charakterisiert Schönberger folgendermaßen [49]: Während »das Rechenresultat des Computers aufgrund möglichst vieler Einzeldaten eine zutreffende Zukunftsprognose ermöglicht, geht das I Ging, im Besitz einer ihm inhärenten Wirklichkeitskonzeption, von der Gesamtsituation aus und gibt ein prognostisches Weisheitsurteil und Antwort, wenn sich der Frager« meditativ mit diesem »Gesamt« in Kontakt bringt. Das Leben ist nicht eine Summe von Einzeldaten, sondern ein Ganzes, ein umgreifender Organismus.

Wenn es der heutigen Physik und Biologie gelingen würde, ihre Formeln auf die Möglichkeiten des psychischen und geistigen Aspektes auszuweiten, hätte der Genetische Code den gleichen Rang wie die Weltformel I Ging.

Martin Schönberger berichtet noch von dem sehr wichtigen rechnerischen Nachweis, laut dem im I Ging nicht etwa das Gesetz eines langsamen, aber unaufhaltsamen Zerfalls dem des Aufbaus die Waage hält oder der Zerfall sogar überwiegt, sondern daß das heilende, das beschleunigende, das positive Element im Verhältnis drei zu zwei überwiegt! Hier wird also die Aussage der »Goldenen Blüte«, nach der das Licht das Ausschlaggebende ist, rechnerisch bestätigt.

Weder der Genetische Code noch die Hypothese Schönbergers können vom Außenstehenden und Laien beurteilt werden, aber man möchte anregen, daß in dieser Richtung weiter geforscht wird im Sinne eines Brückenschlags zwischen der Weisheit der alten Hochkulturen und den Erkenntnissen der modernen Naturwissenschaft.

Das Hexagramm des I Ging ist gewissermaßen ebenfalls eine Entsprechung für die Pyramide, heißt es doch: »Himmel und Erde stehen fest, und zwischen ihnen vollzieht sich die Wand-

lung.« [40, S. 49] So aber ist auch die Pyramide zu verstehen mit ihrer Erdbasis, der Sonnenspitze und der Bewegung der auf- und niederführenden Stufen. Richard Wilhelm prägte bei der Interpretation des I Ging den Ausdruck »Wandlungszu- stände«; tatsächlich kann man sich geistigen Wahrheiten noch am ehesten durch Paradoxa nahen. Es muß wohl kaum betont werden, daß auch mit dem Hexagramm des I Ging, diesem makromikrokosmischen Symbol, der Mensch gemeint ist. Die vorliegende Darstellung gleicht einer Schlange, und das ist keineswegs ein Zufall, denn damit wird die aufsteigende Son- nen- oder Schlangenkraft symbolisiert, die Kundalini, wie sie die indische Überlieferung nennt.

Nachdem das I Ging in Europa heute fast zu einer Mode ge- worden ist, soll doch noch einiges zur praktischen Arbeit mit dem Orakel gesagt werden. Ist das Befragen ein unlauterer Ein- griff ins Schicksal? Führt es zu fragwürdigen Wahrsage- methoden? Das kann durchaus sein, und es ist Achtsamkeit geboten. Grundsätzlich gilt: Den Neugierigen und den Alt- klugen verschließt sich das Orakel und führt sie in die Irre.

Es heißt ausdrücklich: Das I Ging ist für den »edlen Men- schen«! Ein reines und klares Gemüt sollte Voraussetzung für seine sinngemäße Handhabung sein. Wer aber könnte von sich sagen, daß sein Gemüt so rein und spiegelklar wäre, daß es die Wirklichkeit, auf die es seine Aufmerksamkeit richtet, unver- zerrt wiedergibt?

Im behutsamen Spiel mit den Schafgarbenstengeln konzen- triert man sich und schwingt sich ein in die Harmonie und ihre Ordnungen, um eine möglichst klare und wahre Antwort zu erhalten. Man versucht also, in eine gute, gelassene, stille Ver- fassung zu kommen. Die Frage jedoch, die man an das Orakel richtet, kann man nur auf dem Niveau stellen, auf dem man sich aufgrund seiner Entwicklung und aktuellen Gestimmtheit befindet – und das ist meistens keineswegs jene hohe, über- legene Ebene, von der aus allein Einblick in Schicksalsfragen gewonnen werden könnte. Wer innerlich verworren ist, wird auch eine verworrene Antwort vom I Ging zu hören bekommen.

Man kann die Beobachtung machen, daß beim Umgang mit dem I Ging das Sicheinschwingen bei den meisten Menschen in einem Passivwerden besteht, man will passiv sein, um emp-

Abb. 1   Das Weltbild des gläubigen Pilgers und Wahrheitssuchers im christlichen
Abendland des 16. Jahrhunderts.

Abb. 2   Die Pyramiden von Gise.

Abb. 3 (rechte Seite)   Auf dem spiralförmigen Schlangenweg kriechen schnecken-
artige Wesen an dem Krug empor. Eine Keramik aus dem alten Peru.

Abb.4 Teppich aus der Einweihungshalle des Himmelssohnes mit den altchinesischen Symbolen der priesterköniglichen Würde.

Abb. 5 (rechte Seite) Kultische Sonnenscheibe aus Gold mit astronomisch-astrologischen Symbolen aus dem Reich der Hethiter, 2. Jahrtausend v. Chr.

Abb. 6 (rechte Seite) Ein Schild aus Neu-Guinea, der wie ein Monogramm des Kosmos gestaltet ist.

Abb. 5

Abb. 6

Abb. 7

Abb. 8

Abb. 9   Das Sonnentor von Tiahuanaco am Titicaca-See im Hochland der Anden.

Abb. 7 (linke Seite)   Der aztekische Kalender- und Sonnenstein.

Abb. 8 (linke Seite)   Fensterrose vom Straßburger Münster; um 1300 n. Chr.

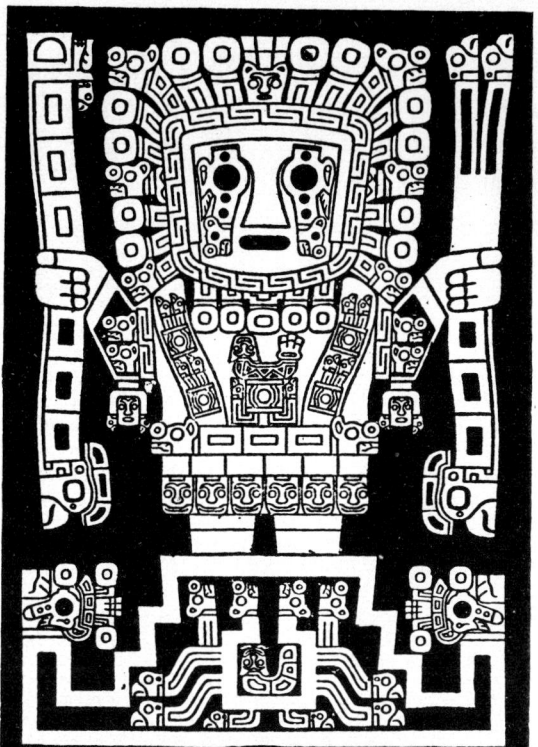

Abb. 10
Der Sonnengott Vira-
cocha aus dem Mittel-
feld des Sonnentores
von Tiahuanaco.

Abb. 11
Geflügeltes Wesen vom Torsturz
des Sonnentores von Tiahuanaco.

Abb. 12   Das Löwentor von Mykene, aus dem 2. Jahrtausend v. Chr.

Abb. 14   König Ech-en-aton und seine Gemahlin Nofretete beten die Sonne an. Relief aus Tell El Amanara.

Abb. 13 (linke Seite)   Apollon, der Gott des Lichtes, vom Westgiebel des Zeustempels in Olympia. Etwa 450 v. Chr.

Abb. 15
Shiva, der große
Gott der Hindus.
Südindische Prozes-
sionsbrosche aus
dem 11./12. Jahr-
hundert.

Abb. 16
Der Schöpfer- und
Sonnengott Vira-
cocha aus den Hoch-
kulturen des alten
Peru als Herr des
Kosmos.

Abb. 17
Viracocha mit einer Aureole aus Gestirnen. Ritualmesser aus Gold mit Türkisen aus dem alten Peru.

Abb. 18
Haupt eines Buddha aus grüner Jade. Hinterindien, 15. Jahrh.

Abb. 19
Gottheit aus Chavín de Huantar in Peru; so-
genannter Nagelkopf (55 cm hoch) von der
Außenwand des Tempels. Alter: drei- bis viertausend Jahre.

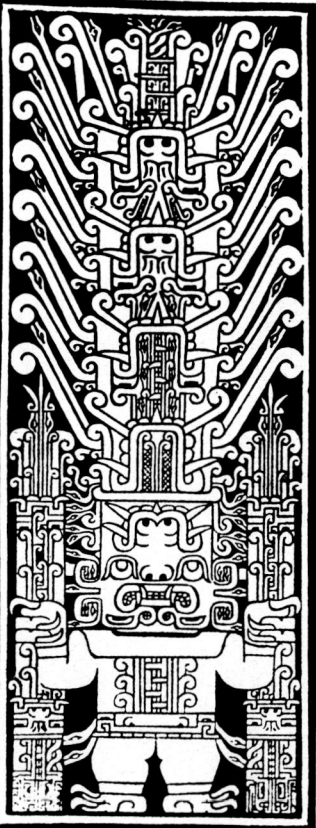

Abb. 20
Viracocha mit der aus dem Haupt aufsteigenden kosmischen Krone. Entstanden in der
Chavín-Kultur Perus, die von 1500 bis 200
v. Chr. blühte.

Abb. 21 (rechte Seite)
Der Prophet Mohammed auf seinem Pferde
Burak, wie er, geführt vom Erzengel Gabriel,
in die himmlischen Sphären entrückt wird.
Persische Miniatur aus Täbris; um 1600 n. Chr.

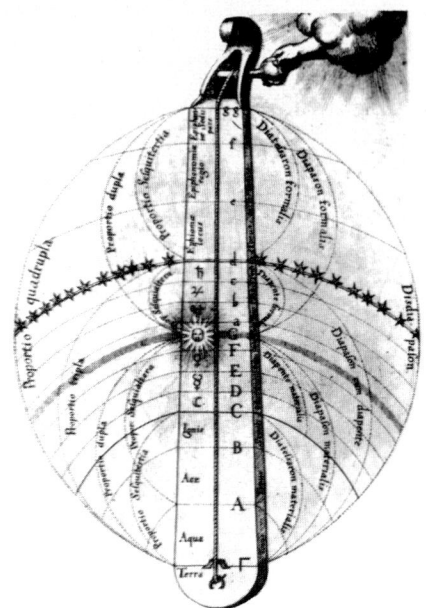

Abb. 22
Allegorische Darstellung des Universums in Gestalt eines Monochords. Robert Fludd, 16. Jahrhundert, England.

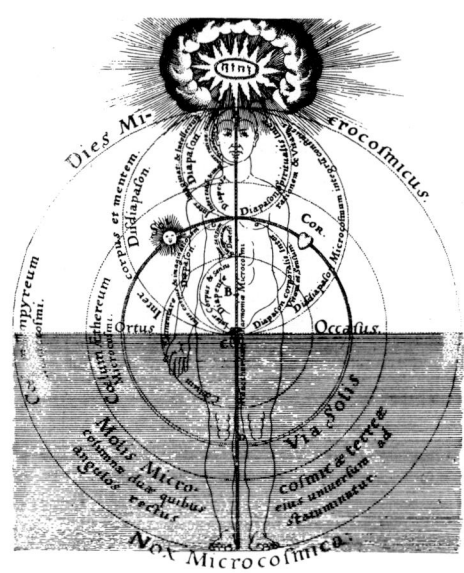

Abb. 23
Der in Sphären aufgeschlüsselte Kosmosmensch mit der Lichtkrone. Robert Fludd, 16. Jahrhundert, England.

Abb. 24 Der Kletterer am Weltenbaum als Initiale I in einem Reichenauer Lektionar
des 10. Jahrhunderts n. Chr.

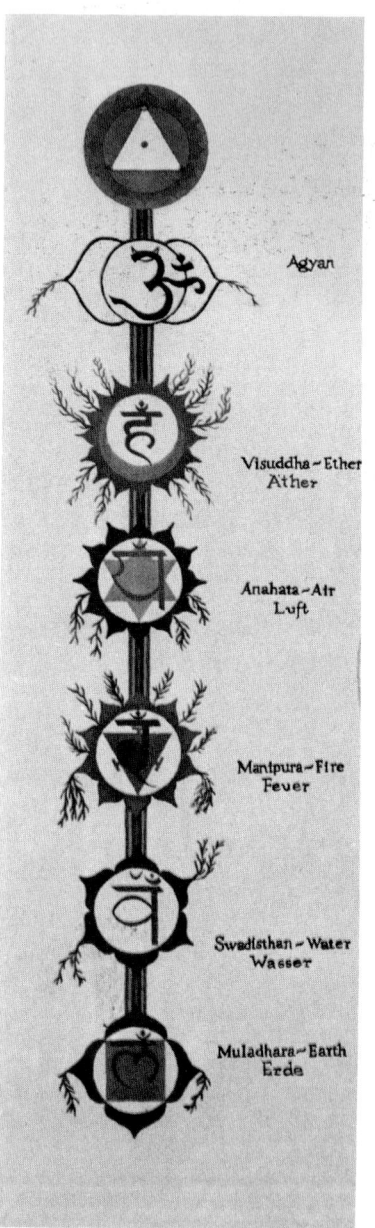

Abb. 25
Das System der Chakras nach einer aus
dem tantrischen Buddhismus überlieferten Darstellung.

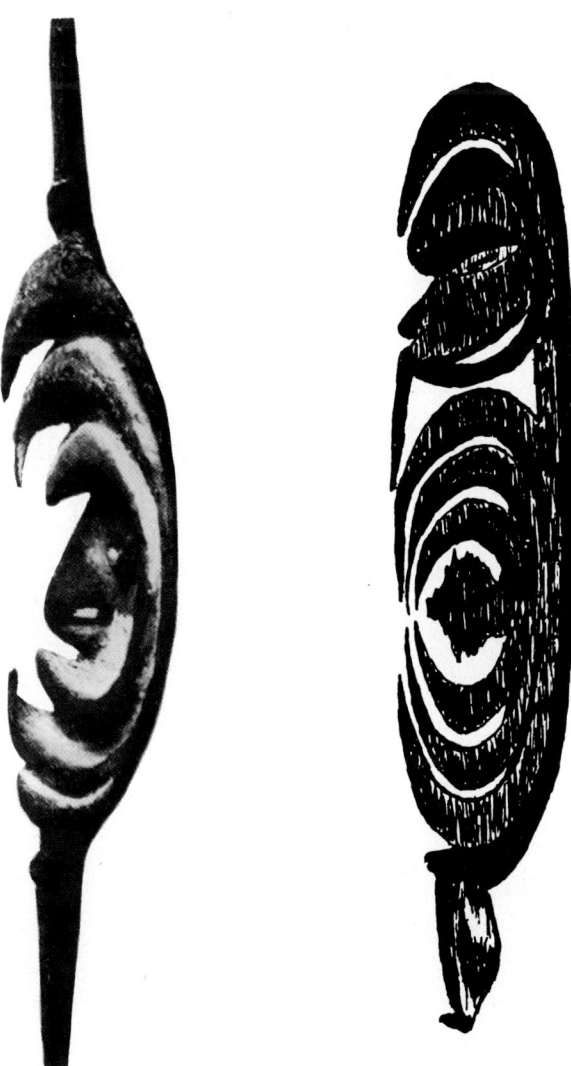

Abb. 26   Stilisierte Darstellung des Menschen aus der Volkskunst in Neu-Guinea, sogenannte Haken.

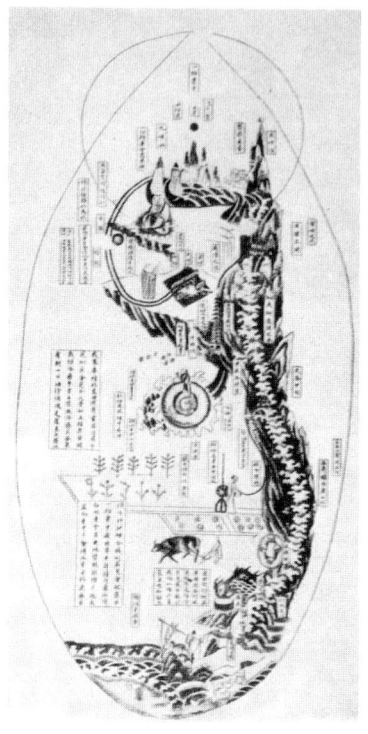

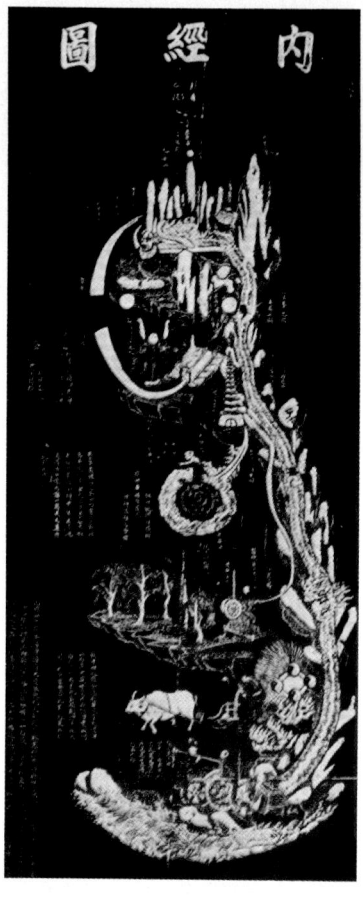

Abb. 27
Der kosmische Mensch mit den inneren
Kräften und Pulsen in der Vorstellung
der altchinesischen Wissenschaft. Steinplatte aus dem 19. Jahrhundert n. Chr. in
einem Kloster bei Peking.

Abb. 28
Stilisierte Darstellung des kosmischen
Menschen, umgeben von Aureole und
Mandorla. Farbiges Rollbild aus China.

Abb. 29   Mithras, der Sonnengott der Zarathustrischen Religion, als Kosmosmensch
in einer Mandorla aus Tierkreiszeichen. Relief aus weißem Marmor, Modena, Italien.

Abb. 30
Dea Syria, die Jungfrau-Mutter-Göttin,
der weibliche Aspekt des Kosmosmenschen, 1. Jahrhundert v. Chr.

Abb. 31
Artemis von Ephesos. Kultbild aus vorchristlicher Zeit.

Abb. 32
Die Chymische Hochzeit, der geeinte Mensch. Aus einer Handschrift des Michael Cochem aus dem Jahr 1530 n. Chr.

Abb. 33
Der Herr erschafft und regiert den Kosmos. Mosaik aus dem Dom von Monreale, Italien, 12. Jahrhundert.

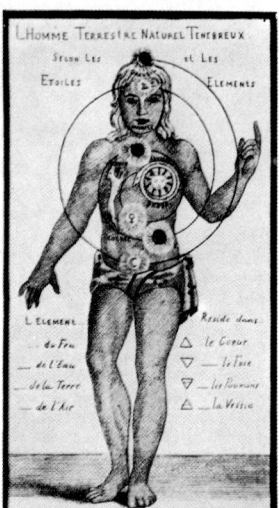

Abb. 34
Der Planetenmensch, aus der »Theosophia practica«
Gichtels (18. Jahrhundert), nach dem Vorbild Jakob
Böhmes.

Abb. 35
Der Kosmosmensch aus dem
»Liber divinorum operum«
der Heiligen Hildegard von
Bingen, 12. Jahrhundert.

Abb. 36   Das Sonnenauge Gottes. »Nusquam tenebrae« – »Nirgends ist Finsternis«.
Aus der christlichen Emblematik.

Abb. 37   »Bericht wie des Menschen geschaffener Geist durch Gottes ungeschaffenen
ewigen Geist vom leib zu der beschauung Göttlicher Herrlichkeit aus liebe über sich
erhaben wirdt.« Aus der christlichen Barockmystik.

Abb. 38
»Psychologia Vera oder Vierzig Fragen
von der Seelen« (1620). Aus der ersten
Böhme-Gesamtausgabe von 1682.

Abb. 39
»Von der wahren Gelassenheit« (1622).
Sogenannte »Figur«, entnommen der
ersten Böhme-Gesamtausgabe von 1682.

Abb. 40
»Mysterium Pansophicum oder Gründlicher Bericht von dem Irdischen und
Himmlischen Mysterio« (1620). Ebenfalls der ersten Böhme-Gesamtausgabe
entnommen.

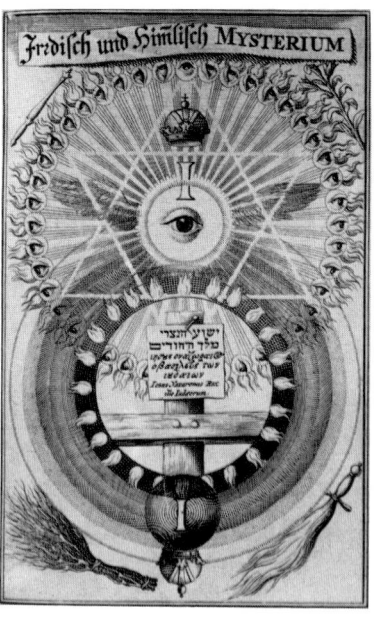

Abb. 41   OM, die heilige Kultsilbe inmitten des achtspeichigen Rades der Lehre des Buddha. Zeichnung nach alttibetischen Vorlagen.

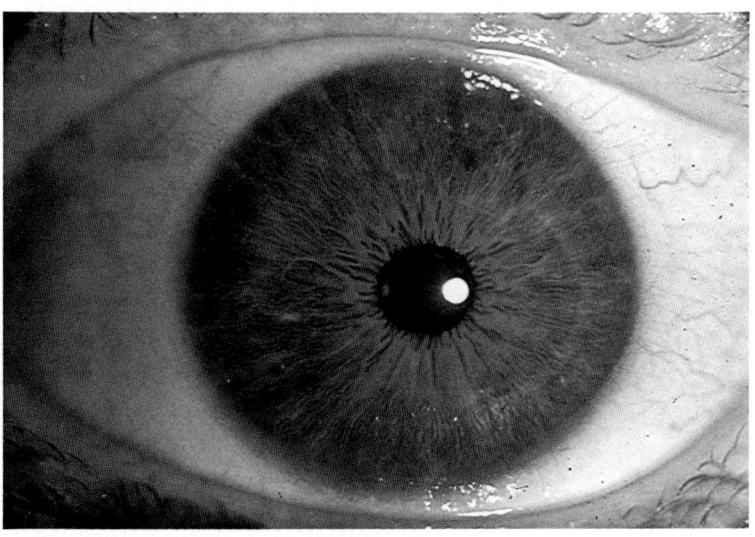

Abb. 42   Die Iris eines menschlichen Auges.

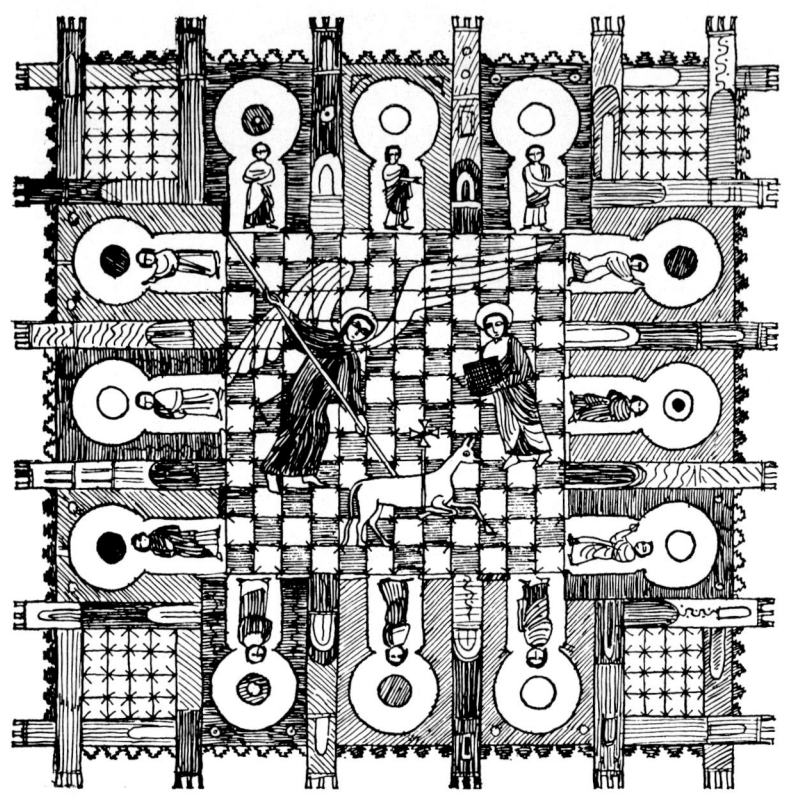

Abb. 43 Das Himmlische Jerusalem nach einer Miniatur einer spanischen Handschrift aus dem 10. Jahrhundert.

Abb. 44   Fensterrose als stilisierte Darstellung des Himmlischen Jerusalem. Dom von Chartres, 13. Jahrhundert.

Abb. 45   Achteck und Kreis vereinigen sich zur Darstellung des Himmlischen Jerusalem mit dem thronenden Christus. Karolingische Kuppel des Aachener Doms, der
800 n. Chr. vollendet wurde. Das Mosaik wurde 1881 erneuert.

Abb. 46   Die Taufe Christi als Zentrum des Himmlischen Jerusalem. Baptisterium der Orthodoxen in Ravenna.

Abb. 47   Das kosmische Monogramm Christi. Mosaik aus dem 5. Jahrhundert, Baptisterium von Albengo, Italien.

fangen zu können. Im passiven Zustand strömen nun aber ungehemmt Gedanken, Bilder und Kräfte in uns ein, die nicht einmal der Ebene entsprechen, die wir im besten Fall durch steigende, aktive Konzentration erreichen könnten. Es kann daher zu sehr unliebsamen Einbrüchen aus der Sphäre des Gemütes oder sogar aus untermenschlichen Bereichen kommen, vor allem, wenn der Orakelspieler eine gewisse mediale Begabung hat. Dann wird er zum Spielball unerwünschter Kräfte, Einflüsse und Einflüsterungen, von denen er sich unter Umständen nicht wieder befreien kann; das kann sogar zur Besessenheit führen. Man wird Teilhaber und Opfer einer niederen Wirklichkeit, die einem nicht gemäß ist und die die eigentliche Entwicklung stört oder sogar zerstört. Die größten I Ging-Spieler sind vielleicht diejenigen, die auf das I Ging verzichten.

Richard Wilhelm schreibt in seiner so kostbaren Einleitung zum I Ging:»Der Blick richtet sich für den, der die Wandlung erkannt hat, nicht mehr auf die vorüberfließenden Einzeldinge, sondern auf das unwandelbare ewige Gesetz, das in allem Wandel wirkt.« [28] Der Blick richtet sich auf das Tao, und jeder Schritt vorwärts ist mehr und mehr Verzicht auf das Wandelbare – darin liegt der größere Gewinn.

Es gibt noch eine dritte Gestalt, in der das alte China das Tao symbolisch darstellt: Es ist das Kreuz. Die senkrechte und die waagerechte Linie versinnbildlichen die beiden Urprinzipien des Yin und des Yang.

Als Beispiel ein Teppich, der in der Einweihungshalle des Himmelssohnes, in der »Halle der Riten« liegt. Er zeigt die Sinnbilder seiner priesterköniglichen Würde. (Abb. 4)

Der Teppich ist quadratisch, das ist das Symbol der Erde; darin befindet sich ein Kreis als Symbol des Himmels. Im Himmel sind die 12 Symbole des Himmelssohnes zu sehen. Es seien erwähnt: Sonne und Mond, der auffliegende Sonnenvogel, vor allem aber der aus zwei Drachen gebildete Kreis, in dessen Mitte sich zwei stilisierte wellenförmige Zeichen finden, einander spiegelbildlich zugewandt, so daß sie in ihrer Mitte ein Kreuz einrahmen: Es bedeutet im Chinesischen die vollkommene Ziffer Zehn, die das Abendland mit dem Schrägkreuz darstellt: »X«.

Diese beiden Zeichen sind – so schreibt Erwin Rousselle –

das Schriftzeichen »Gi«, es bedeutet »Selbst«. »Die Vereini-
gung des ›Selbst‹ mit dem ›Selbst‹ [Animus und Anima] drückt
das letzte Ziel und eigentliche Geheimnis des taoistischen
Weges aus.« [45, S. 151] Das Zeichen symbolisiert also die Voll-
endung im Tao, oder mit einem Wort der abendländischen
Mystik: die unio mystica. Das Zeichen stellt »die Heiligen und
Weisen der alten Zeiten dar, die auf Jahrtausende hinaus die
Menschheit anregen und entwickeln«. [21, S. 96]

Die beiden Gi-Zeichen symbolisieren als Wellenlinie auch
das Gesetz der Bewegung, der Schwingung, des Lebens schlechthin. Sie stellen auch die beiden polaren Atemströme, den Yin-
und den Yang-Strom (in Indien Ida und Pingala genannt) dar,
und weisen damit auf die Meditationstechnik hin.

Der kostbare Teppich stellt also den Makro-Anthropos dar,
den Himmelssohn, und das Kreuz bildet die Herzmitte und zugleich die zentrale Achse, die – physisch gesehen – der Wirbelsäule entspricht. (Über die Achse der Welt berichtet ein späteres
Kapitel.)

Vom Haupt des Himmelssohnes – es wird »das Haus der auf-
gehenden Sonne« genannt – steigt die dreifache Flamme der Erleuchtung auf, eine Krone, über der ein Sternbild steht.

Auch das symmetrische Symbol des Kreuzes bannt also
nicht auf das Rad der Immerwiederkehr, sondern ist überhöht
durch die Flamme der Unsterblichkeit.

Drei Bildzeichen von äußerster Einfachheit und Klarheit –
Kreis, Stufen, Kreuz – stehen hier für das Wesen des Tao, für
den Kosmosmenschen. Sie deuten mit fast bestürzender Präg-
nanz auf das Wesentliche hin und machen Aussagen über das,
was letztlich doch geheim bleibt.

So sagt ein altes chinesisches Wort:

»Wenn man von diesem geheimnisvollen Geheimnis
das wirkliche Geheimnis verstanden hat,
so gibt es kein Geheimnis außer diesem Geheimnis.«
[45, S. 167]

SONNENSCHEIBE – WELTENUHR UND WAFFE DES LICHTS

Am Beginn des Menschheitsmorgens steht der Aufgang der Sonne: Es werde Licht! Und so findet man auf einer Wanderung rings um die Erde die Sonne als höchsten Gott verehrt und in ungezählten Variationen dargestellt. Im alten Iran wurde Ahura Mazda, der weise Herr, als geflügelte Sonnenscheibe verehrt; in den Gesängen der zarathustrischen Religion heißt es:

»Der Hüter bin ich und der Schöpfer,
Der Schützer bin ich und der Wissende,
Der Heiligste Geist bin ich,
der Heilende heiße ich ...«

Das indogermanische Volk der Hethiter hatte – im zweiten Jahrtausend vor Christus – in Vorderasien eine bedeutende Kultur entwickelt; vielleicht eine Frucht der Religion des sagenhaften Ur-Zarathustra? Denn auch hier wird die geflügelte Sonne verehrt, und es ist ein Sonnengesang überliefert, der mit den Worten beginnt: »Sei gegrüßt, Sonnengott, dem Menschen schaust du ins Herz, in dein Herz aber schaut niemand«, und »Sonnengott des Himmels, mein Herr, des Menschenkindes Hirte ...«

Aus der Kultur der Hethiter ist auch eine goldene Sonnenscheibe erhalten (Abb. 5). Im Zentrum die Sonne, ringsum der Kosmos mit einer Fülle von Gestalten von zweifellos astronomisch-astrologischer Bedeutung. Unter anderem sind Stiermenschen zu sehen, die die Flügelscheibe tragen, ein Motiv, das in ungezählten Variationen aus diesem Kulturraum überliefert ist.

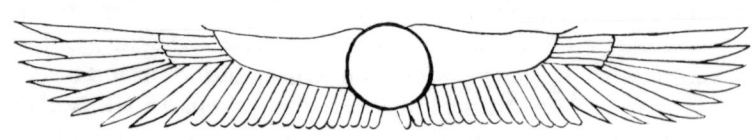

Und weitere Beispiele für den Sonnenkult: Im alten Ägypten fährt der Sonnengott Râ in seiner »Barke der Millionen Jahre« über den Himmel. Und wie im Iran, so kündet auch hier die geflügelte Sonne vom Kult und weist zugleich auf die Meditationspraxis hin, auf die seelische Flügelkraft, die durch Aktivierung der inneren Sonne, des Herz-Chakras, entwickelt wird, später dargestellt durch ein geflügeltes Herz, das auch im Sufitum als Symbol verwendet wird. Im altägyptischen Sonnengesang des Ech-en-aton heißt es sehr schön: »Du bist das Pochen in meinem Herzen.«

Im Goldenen Tempel von Amritsar in Indien findet man in der Mitte der Decke die strahlende Sonnenrose. Es ist der Haupttempel der Sikh-Religion, deren Gründer Guru Nanak, aus der Tradition der Sufis stammend, eine Synthese der Hindu-Religion und des Islam zu entwickeln versuchte. Im Heiligen Buch der Sikh, dem Adi Granth, steht:»In diesem unseren Körper wohnt alles: Länder, Welten, Universum. In ihm weilt, der das Leben gibt allem, was war, was ist und sein wird... Gott ist der Same, die Wurzeln, der Stamm, die Zweige, die Blätter, die Blüten, die Frucht... Alle sind aufgerufen aufzusteigen aus dem Wesen des Samenkorns in der Erde, um Frucht des Himmels zu werden.« [54] Auch hier wird das makrokosmische Bezugssystem und die Einwohnung der Gottheit in ihrer Schöpfung gesehen. Auch hier ist der Aufgang der Sonne im Menschen gemeint, jenes durch den geistigen Lehrer initiierte Ereignis, durch das der Mensch aus einem »Samenkorn der Erde« zur »Frucht des Himmels« werden kann.

Der heutige Tempel der Sikh stammt aus dem 18. Jahrhundert, jedoch ist auch in Indien die Sonnenverehrung aus frühester Zeit überliefert und das Sonnenrad die unfehlbare Waffe des Gottes Vishnu. Da heißt es, daß in der königlichen Schatzkammer des Cakravartin – des Weltenkönigs und Weltenhirten – das Weltrad in Gestalt einer unwiderstehlichen, unbesiegbaren Sonnenwurfscheibe liegt. Dieses Rad ist zugleich Sinnbild für die Chakras, die der König und Meister zur vollen Entfaltung gebracht hat, so daß sie nun seine Waffen sind, mit denen er die vier Weltgegenden erobert. Mit Waffen des Lichtes wird also gekämpft. Von Akbar dem Großen (16. Jahrh.) heißt es zum Beispiel, er habe die mystische Sonnensilbe der Hindus, das heilige Sonnenmantra, besessen bzw. verwirklicht, so daß er aus dieser Vollmacht regierte.

Weiter nach Osten: Aus Neu-Guinea gibt es einen Sonnenschild (Abb. 6), auf dem sich Lichtspeere kreuzen, im Mittelpunkt das strahlende Gestirn, ringsum Sterne, das Universum. Der Schild ist ein »Monogramm des Kosmos«. War er Waffe oder Kultgegenstand oder beides?

Auf der Wanderung nach Osten findet man in Mexiko die Sonnenscheibe als Weltenuhr und Kalender. Der berühmte aztekische Sonnenstein (Abb. 7) hat ein Gewicht von etwa 24 Tonnen und einen Durchmesser von 3,60 Meter. Er steht heute im Archäologischen Museum der Stadt Mexiko. In der Mitte ist der Sonnengott zu sehen, ihn umgeben vier Quadrate mit den Zeichen des gegenwärtigen Zeitalters, ringsum die

Symbole der vergangenen Weltperioden und die 20 Tages-
zeichen. Man sagt, dies sei der genaueste Kalender, den Men-
schengeist je ersann. Jedes Detail hat seine Bedeutung, und es
konnte schon viel zur Aufschlüsselung getan werden. [14]
Man weiß heute auch, daß die Architektur des alten Amerika,
nicht anders als die der anderen großen Kulturen, auf genauen
astronomischen Messungen basierte, wie sie auf dem Kalenderstein kodifiziert sind. Sonnenverehrung war keine Sentimen-
talität, sondern Basis für eine höchst exakte Wissenschaft.

Auch in Peru gibt es zahllose Darstellungen von »unserm
Vater, der Sonne«, und sei es nur auf einem schlichten Kera-
mikteller, einer Grabbeigabe, auf der zu sehen ist, wie von der
Sonne lebendige Strahlen ausgehen, ist die Volute doch das
Symbol für tönende, schöpferische Lebensbewegung.

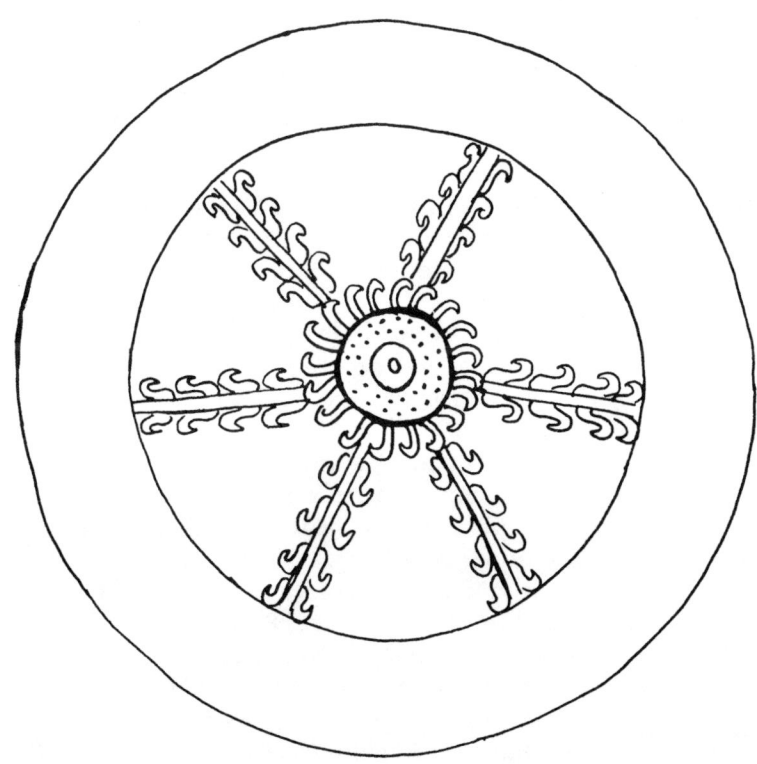

Die viel zu schnelle Reise um den Erdball führt nun ins Abendland. Hier sehen wir die Sonnenscheibe unter anderem als Fensterrose über dem Hauptportal der christlichen Kirchen. Das Wissen um »die Waffen des Lichts« ist bei allen Kulturvölkern zu finden, die sich von den Meistern des Lichtes führen ließen. Was das bedeutet, steht im Neuen Testament: »Lasset uns ablegen die Werke der Finsternis und anlegen die Waffen des Lichtes« (Röm. 13, 13) und »... ergreifet den Harnisch Gottes, auf daß ihr an dem bösen Tage Widerstand tun und alles wohl ausrichten und das Feld behalten möget. So stehet nun, umgürtet an euren Lenden mit Wahrheit und angezogen mit dem Panzer der Gerechtigkeit und an den Beinen gestiefelt, als fertig, zu treiben das Evangelium des Friedens. Vor allen Dingen aber ergreifet den Schild des Glaubens, mit welchem ihr auslöschen könnt alle feurigen Pfeile des Bösewichtes; und nehmet den Helm des Heils und das Schwert des Geistes, welches ist das Wort Gottes«. (Eph. 6, aus 13–17)

In der Mitte der Fensterrosen ist gewöhnlich die Christussonne dargestellt, sei es in Gestalt des thronenden Christus oder seines Hauptes, wie am Dom von Orvieto, oder auch als Kreuz oder mystische Rose, wie am Straßburger Münster (Abb. 8). Ringsum dann stilisierte Strahlen oder Darstellungen aus der Heilsgeschichte. In der frühen Zeit, in der die wirkende Kraft der Symbole noch bekannter war, folgte man genauen Gesetzen in Auswahl und Anordnung, und jedes der alten romanischen und gotischen Fenster ist daher ein bestimmter Aspekt des geistigen Kosmos. Das bedeutet zugleich, daß man den Gesetzen der Harmonie folgte, denn das Prinzip des Kosmos ist ordnende Kraft.

Man hat Architektur »gefrorene Musik« genannt, und das ist keineswegs nur poetisch zu verstehen, denn die alten Baumeister – streng geschult und mancher eingeweiht in mystische Kulte – gehorchten den erkannten Gesetzen der Harmonie, deren Proportionen in der Musik, in der Architektur, im Eiskristall, ja in der ganzen Natur mit der Harmonie des Weltalls in Einklang stehen. »Dem Kosmos aber, dem lieblich singenden, ist die Regel beigestanden«, sagt Pindar. [34]

Eine der kostbarsten harmonischen Proportionen, der sich die sakrale Kunst immer wieder einfügt, ist der Goldene Schnitt, in dem eine Strecke oder Linie so geteilt ist, daß der kleinere Teil sich zum größeren verhält wie der größere zur ganzen Strecke. Ob der Betrachter nun weiß, daß ein Bildwerk oder ein Raum nach dem Goldenen Schnitt gestaltet ist, oder ob er es nur unbewußt fühlt, spielt nicht die entscheidende Rolle. In jedem Fall empfindet er es als wohltuend – und nennt es schön. Jamblichos (um 300 n. Chr.) schrieb:»Bevor die Seele sich mit dem irdischen Leibe verband, lauschte sie der göttlichen Harmonie. Und hier auf Erden findet sie an solchen Melodien [und Gestaltungen] Gefallen, welche die Spuren jener göttlichen Harmonie am deutlichsten bewahrt haben. Sie erinnert sich dann an die göttliche Harmonie, wird zu ihr hingerissen und wieder mit ihr vereint, soweit sie es vermag.« [34, S. 34]

Der Sonnengott in der unbeweglichen Mitte des kreisenden Universums – das ist die Aussage all dieser Sonnenräder. Je weiter man aus dieser Mitte an die Peripherie des Kreises und damit der Zeit geschleudert wird, desto schneller wird die Bewegung. Im Zentrum jedoch herrscht absolute Ruhe; hier fallen Weltanfang und Weltende zusammen, hier ist die Stätte der absoluten Energie.

SONNENTOR UND SONNENHYMNE

Im Hochland der Anden steht noch heute das Sonnentor von Tiahuanaco als mächtiger Zeuge längst versunkener Kulturen (Abb. 9). Wie das Gestirn als Schrägkreuz über dem Tor erstrahlt, dem Durchgang zu neuem Leben, zur Geburt, ist es Sinnbild für das Wesen des Sonnentores schlechthin. Auch das Sonnentor ist ein Thema, das man in vielen Kulturen findet, und alle diese Tore sind, so kann man sagen, miteinander verwandt.

Beim Sonnentor von Tiahuanaco steht in der Mitte des Torsturzes der Sonnengott – der Sonnenlöwe (Puma oder Jaguar), Strahlen ums Haupt und mächtige Zepter in den Händen (Abb. 10). Zu beiden Seiten knien geflügelte Tiermenschen oder eilen auf ihn zu (Abb. 11). Unterstrichen wird die Szene von

121

einem Mäanderband, das die Auf- und Untergänge der Sonne darstellt, denn dieses Tor ist auch ein Kalender, das heißt, es stellt astrologische, kosmische Ordnungen dar. Auch das Löwentor von Mykene (Griechenland, 14. Jahrh. v. Chr.) stellt das Thema des Sonnentores dar (Abb. 12). Hier wird die Mitte durch eine Säule gebildet, die rechts und links von stolz aufgerichteten Löwen flankiert wird. (Die Bedeutung der Säule als Weltachse wird in einem späteren Kapitel herausgestellt.)

Aus der iranischen Welt ist ein imposanter, feierlicher Treppenaufgang erhalten mit einem Relief, das ebenfalls das Sonnenthema darstellt: In der Mitte die geflügelte Sonnenscheibe – die Zepter sind gleichsam zu Flügeln ausgebreitet –, flankiert von geflügelten Tiermenschen; darüber und darunter ein Fries mit Sonnenblumen. Dieser Treppenaufgang in Persepolis stammt aus der Zeit um 500 v. Christus.

Und schließlich: Am Westgiebel des Zeustempels von Olympia (etwa 450 v. Chr.) steht in der Mitte, hochaufgerichtet, Apollon, der Gott des Lichtes; es geht hier um eine mythische Kampfszene – wie immer, wenn die Behauptung des Lichtes gegen die Finsternis dargestellt wird. Wie weit allerdings noch astrologische Bezüge vorhanden sind, wäre zu erforschen (Abb. 13).

An den Portalen der christlichen Kirchen wird das Thema des Sonnentores wieder aufgenommen. Auch der Sonnenlöwe ist da, es ist Christus. Und in den Symboltieren der Apostel wird der Gedanke der flankierenden mythischen Tiermenschen – seien es nun Engel, Götter, Sterne, Heilige oder Meister – weitergeführt.

Das Motiv der flankierenden und bewachenden Löwen wird auch von der neueren, profanen Kunst übernommen. So stehen sie zum Beispiel am Eingang des Landesmuseums von Darmstadt (Baujahr 1906). Ein Museum wollte man seit dem ausgehenden vorigen Jahrhundert als »Kirche des modernen Menschen« oder als »Kunsttempel« verstehen.

In einem kleinen Städtchen in Süddeutschland, Löwenstein, bewachen die Löwen heute schließlich sogar einen Parkplatz. Weit ist der Weg vom Sonnenwagen bis zum Automobil. Und über dem Hauptportal des Stuttgarter Bahnhofs ist ein kleines geflügeltes Sonnenrad zu sehen, hier als Symbol für Post, Bahn und das Tempo unserer Zeit. Weit ist der Weg vom Sonnentor zum Bahnhofsportal, von der sakral bestimmten Kultur zur profanierenden Zivilisation, die aber doch unweigerlich in archetypischen Bildern denkt, wenn auch oft in grotesker Abwandlung. Das Lied der Sonne ertönt auch heute wie eh und je. Goethe schrieb: ·

»Die Sonne tönt in alter Weise
In Brudersphären Wettgesang,
Und ihre vorgeschriebne Reise
Vollendet sie mit Donnergang.«

Ton und Licht, Klang und Farbe gehören zusammen, auch wenn wir sie mit zwei verschiedenen Organen – Ohr und Auge – wahrnehmen. »Welch' Getöse bringt das Licht! Es trommetet, es posaunt«, heißt es ebenfalls bei Goethe.

»In Brudersphären Wettgesang« – im Lichte der allesbelebenden und heilenden Sonne kann die brüderliche Einheit der Menschheit erfahren und erlebt werden; die Bruderschaft der Mystiker aller Zeiten beweist das heute noch, ohne daß Worte notwendig wären, sich über diese Einheit zu verständigen.

Die Angehörigen der verschiedenen Konfessionen ballen sich zwar immer wieder zu einander fanatisch bekämpfenden Gruppen zusammen; daran aber ist nicht die Religion schuld, sondern die beschränkte Einsicht der Menschen.

Wer einmal im Flugzeug von Osten her mit dem Sonnenaufgang geflogen ist, hat – unvergeßlich – erlebt, wie der Erdball ständig von einem gewaltigen Sonnenaufgang umkreist wird, von einer ewigen Morgenröte. Und so ertönt seit Urzeiten rings um die Erde der Sonnengesang, mit dem die Menschheit versucht, sich auf die von der Sonne intonierte Harmonie der Sphären einzustimmen.

Im Sonnengesang des Heiligen Franz von Assisi heißt es:

»Sei gelobt, mein Herr, mit all deinen Kreaturen,
Sonderlich mit der hohen Frau, unsrer Schwester, der Sonne,
Wie schön in den Höhn und prächtig in mächtigem Glanze
Bedeutet sie, Herrlicher, dich!« [50, S. 69]

Zahllos sind die Namen der Sonnengottheit: Amida, Ra, Mithra, Vishnu, Surya; Helios bei den Griechen, Sol bei den Römern, Samas ist die semitische Sonnengottheit, Gott ist »die Sonne der Gerechtigkeit«, und Christi Antlitz leuchtet wie die Sonne. (Ap. Joh. 1, 16)
Im Hymnus des christlichen Frühgebetes heißt es:

»Du wahre Sonne, neige dich
Zu uns mit ewgen Glanzes Schein
Und gieß des Heilgen Geistes Strahl
In unsre Herzen tief hinein.«

In der weihnachtlichen Mitternachtsliturgie singt die katholische Christenheit noch die alte Hymne:

»O Aufgehende Sonne,
Glanz des ewigen Lichtes
Und Sonne der Gerechtigkeit,
Komm und erleuchte
Die im Dunkel sitzen
Und im Schatten des Todes.«

Die Mystiker sahen zu allen Zeiten in der Sonne das Inbild der Seele. So sagte Heinrich Seuse (1295–1366): »Die Sonne ruhet in der Seele Grund.«
Rings um die Erde wird die aufgehende Sonne noch heute von vielen andächtig und anbetend begrüßt: Im Hochland der Anden, am Fujiyama, in Indien, wenn der Brahmane betet: »Des Sonnengottes ersehnten Glanz wollen wir betrachten, der unsere Sinne stärken möge.«
Eine der herrlichsten Sonnenhymnen ist die des Königs Amenophis IV aus dem alten Ägypten (um 1370 v. Chr.), der sich Ech-en-aton nannte. Er wollte mit der Verehrung Atons eine monotheistische Religion einführen, wobei er auf uralter, zu jener Zeit zum Teil verschütteter und entstellter geheimer Offenbarung fußte. Seine Sonnenreligion war also nicht völlig neu, und sein Sonnenhymnus entspricht den Gesängen, die seine Voreltern auf Amon-Râ angestimmt hatten.
Ech-en-aton bedeutet »Es gefällt dem Aton«, der Sonne, de-

ren Strahlen in schenkenden, schaffenden Händen enden; ihnen
streckt der anbetende Mensch seine Hände entgegen, damit sie
zu Lichtwerkzeugen der Gottheit werden (Abb. 14).
Der Hymnus, den Ech-en-aton singt, ist eingemeißelt im
Felsengrab seines Großvaters zu Achet-Aton. Er lautet:

»Herrlich erhebst du dich am himmlischen Lichtberg,
Ewige Sonne, Ursprung des Lebens!
Wenn dein Glanz am östlichen Himmelsfeld aufsteigt,
Wird die Welt so licht von deiner Schönheit.
Denn du bist schön, du bist groß, du funkelst unirdisch
Und deine Strahlen umarmen all deine Schöpfung.
Siegreich bist du, du nimmst uns alle gefangen,
Bindest uns alle mit deiner Liebe.

Wenn du hinuntersinkst an der westlichen Wölbung,
Wird so finster die Welt, als sei sie erstorben.
In ihrer Kammer schlafen die Menschen,
Atem geht anders, Gesicht ist verlöscht;
Nichts mehr besitzen sie, denn wie Tote
Wissen sie nichts mehr.
Reißende Tiere kommen hervor aus den Höhlen,
Giftige Schlangen kommen und böse Gedanken;
Schweigend liegt die Welt:
Es ruht der Schöpfer in seinem Lichtberg.

Hell wird wieder die Welt, wenn dein Antlitz emporstrahlt,
Festlich erglühen die Länder der Erde,
Taugebadet, glänzend gewandet,
Heben sie ihre Arme und beten dich an.
Alle Tiere hüpfen und freun sich der Weide,
Alle Bäume und Kräuter sprießen,
Alle Vögel entflattern den Nestern,
Ihre Schwingen lobpreisen dich;
Alle Fische springen im Wasser,
All die geflügelten winzigen wispernden Wesen
Leben auf, weil du sie anblickst.

Du lässest wachsen die Frucht im Leibe der Frauen,
Du erweckst den Samen des Mannes,

Du gibst Luft dem Küchlein in der Schale
Und du gibst ihm die Kraft, die Hülle zu sprengen,
Alle stillst du, Amme der Ungeborenen,
Atem gibst du, all dein Werk ist Beleben,
Wenn es hervortritt aus dem dunkeln Schoße.

Du hast die Erde geschaffen nach deinem Belieben,
Allen Lebendigen gibst du Speise für immer,
Du erteilest das Maß der Lebenszeit einem jeden.
Aufgang und Untergang schaffest du, lebende Sonne,
Dunkel vergehst du und strahlend kehrest du wieder,
Du bist das Pochen in meinem Herzen!
Alles, was wir in deinem Lichte erschauen,
Wird vergehen,
Du aber lebst und blühst für immer und ewig.« [19, S. 7]

In einer anderen Übersetzung heißt es:

»Du bist in meinem Herzen,
kein anderer ist, der dich kennt
außer deinem Sohne...«

Die Worte, mit denen Gott im 104. Psalm verherrlicht wird,
sind denen des Ech-en-aton sehr ähnlich. Man hat diesen Psalm
daher auch den Sonnengesang des Alten Testamentes genannt.
Hier nun ein Auszug:

»Lobe den Herrn, meine Seele.
Herr, mein Gott, du bist sehr herrlich;
du bist schön und prächtig geschmückt.
Licht ist dein Kleid, das du anhast,
du breitest aus den Himmel wie einen Teppich...
Du lässest Gras wachsen für das Vieh
und Saat zu Nutzen des Menschen,
daß du Brot aus der Erde bringest...
Daß die Bäume des Herrn voll Safts stehen,
die Zedern Libanons, die er gepflanzt hat.
Daselbst nisten die Vögel,
und die Reiher wohnen auf den Tannen.

Die hohen Berge sind der Gemsen Zuflucht
und die Steinklüfte der Kaninchen.
Du hast den Mond gemacht, das Jahr danach zu teilen;
die Sonne weiß ihren Niedergang.
Du machst Finsternis, daß es Nacht wird;
da regen sich alle wilden Tiere;
die jungen Löwen, die da brüllen nach dem Raub,
und ihre Speise suchen von Gott.
Wenn aber die Sonne aufgehet,
heben sie sich davon, und legen sich in ihre Höhlen.
So gehet dann der Mensch aus an seine Arbeit
und an sein Ackerwerk bis an den Abend.
Herr, wie sind deine Werke so groß und viel!
Du hast sie alle weislich geordnet,
und die Erde ist voll deiner Güter...
Es wartet alles auf dich,
daß du ihnen Speise gebest zu seiner Zeit.
Wenn du ihnen gibst, so sammeln sie;
wenn du deine Hand auftust,
so werden sie mit Gut gesättigt.
Verbirgst du dein Angesicht, so erschrecken sie;
du nimmst weg ihren Odem, so vergehen sie
und werden wieder Staub.
Du lässest aus deinen Odem, so werden sie geschaffen,
und verneuest die Gestalt der Erde...«

In seinem letzten Gespräch mit Eckermann, am 11. März 1832,
kurz vor seinem Tode, sagte Goethe: »Fragt man mich, ob es in
meiner Natur sei, die Sonne zu verehren, so sage ich abermals:
durchaus! Denn sie ist gleichfalls eine Offenbarung des Höchsten, und zwar die mächtigste, die uns Erdenkindern wahrzunehmen vergönnt ist. Ich anbete in ihr das Licht und die
zeugende Kraft Gottes, wodurch allein wir leben, weben und
sind und alle Pflanzen und Tiere mit uns.«

SHIVA IM FLAMMENKREIS DER SCHÖPFUNG

Inmitten des kreisenden Universums tanzt Shiva Nataraja, der große Gott der Hindus, den Schöpfungstanz (Abb. 15) und trägt mit der Krone der Schöpfermacht, die aus seinem Haupte aufsteigt, den Flammenkreis der Schöpfung. Der Himmelskreis ist als Schlange dargestellt, darüber ein Kreis von Sternen und schließlich ein Kreis von Flammen. Haupt und Schwanz der Schlange – die beiden Pole – treffen in dem Menschenwesen zusammen, auf dessen Rücken Shiva tanzt. Die Schlange ist Symbol für Kosmos, Leben, Tod und Ewigkeit. Auch dieser Shiva ist Gott und Kosmos-Mensch, ein indischer Adam-Kadmon. In der rechten Hand trägt er die Trommel, bei deren Klang die Welt *ent*steht. In der linken Hand trägt er die Flamme, die Verwandlerin, aus der – wie der Phönix aus der Asche – immer neues, geläutertes Leben *auf*ersteht.

Shiva, »der Huldreiche, der Freundliche«, ist der All-Verwandler. Man nennt ihn auch oft den »Zerstörer«, aber das führt zu Fehlvorstellungen. Aus dem scheinbaren Tod wächst neues Leben; Leben lebt von Leben. Shiva hieß früher Rudra. Dieser war ein großer Arzt und Heiler, aber auch der Sturmgott, der durch Schmerzen straft, so wie der Gott Agni, das Feuer, durch Fieber heilt.

Mit der vorderen Hand macht Shiva die Mudra (Geste) »abhaya«, das ist Schutzgewährung, Sicherheitgeben. Die linke senkt sich, nach vorne geöffnet in der Mudra »vara«, sie bedeutet Gunst und Segen. Shiva wendet sich den Gläubigen zu mit der Geste »Fürchte dich nicht«.

Als Gott und Kosmos-Mensch ist auch Shiva androgyn. Es sind oft winzige, nur dem Fachmann bekannte Attribute, wie etwa ein weiblicher und ein männlicher Ohrring, die seine Doppelgeschlechtlichkeit zum Ausdruck bringen.

Das unterworfene Wesen, auf dem Shiva tanzt, ist die besiegte und beherrschte Triebnatur des kreatürlichen unteren Menschen, der gezügelt werden muß, damit der obere Mensch geboren werden kann.

Man hat diese Darstellung des Shiva auch einen ruhenden Kreisel genannt und von vibrierender Statik gesprochen. Tatsächlich kann nur mit einem Paradoxon angedeutet werden, was hier gemeint ist: Die absolute, ewige Ruhe im Zentrum der kreisenden Schöpfung, eine Darstellung des Tao in indischer Version.

Nach Peru führt ein Bild (Abb. 16), das den Schöpfer- und Sonnengott Viracocha zeigt, wie er in beiden Händen die Zepter der höchsten Machtfülle hält, er, der Herr des Kosmos, der das Kreisen der Sternenwelten und Mächte in Bewegung setzt. Dieser Viracocha – ein »tanzender Shiva« aus der altindianischen Anden-Kultur! Auf der Stirn trägt er das Sonnenzeichen der Erleuchtung, das Auge der Unsterblichkeit.

Auf einem Ritualmesser aus Gold (Abb. 17) mit eingelegten Türkisen ist wieder Viracocha zu sehen; diesmal trägt er den Kreis des Kosmos als Aureole um das Haupt; auf der Rückseite sind die Kreise im vollen Rund zu sehen. Mit beiden Händen hält der Gott die Sonne über dem Herzen, dem Zentrum der mystischen Geburt.

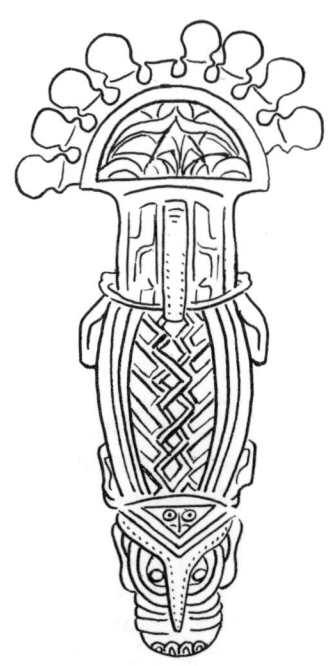

Erstaunliche Parallelen zeigt ein Merowingischer Kultgegenstand aus dem 6. Jahrh., der auf einem Friedhof bei Belfort (Burgund) gefunden wurde. Auch hier eine Aureole, die eine stilisierte Gestalt krönt.

SINNBILDER DER ERLEUCHTUNG

Die Erleuchteten sind die wahren Lehrer und Meister der Menschheit. Lao-tse sagt:»Wer sich dem Ewigen verbindet, findet heim zur Erleuchtung.« [37, Kap. 52] Das Bewußtsein des Erleuchteten ist ein Licht, mit dem er das Kleinste und das Größte erkennend durchleuchten kann. Darum sagt Lao-tse auch:»Kleinstes sehen heißt: Erleuchtung.« [37, Kap. 52] Und in den Upanischaden steht:»Erleuchtung heißt: das eigne Selbst im ganzen Weltall finden.« [60, S. 4]

»So schaue drauf, daß nicht das Licht in dir Finsternis sei. Wenn nun dein Leib ganz licht ist, daß er kein Stück von Finsternis hat, so wird er ganz licht sein, wie wenn ein Licht mit hellem Blitz dich erleuchtet.« (Luk. 11, 35–36) So spricht das Neue Testament über die Erleuchtung.

Als Flamme, Krone, Tiara, Vogel, goldene Scheibe und in noch manch anderer Weise wird die Erleuchtung in der religiösen Kunst der Welt dargestellt und schmückt den Kopf oder umkleidet die ganze Gestalt der Heiligen und Meister.

In der christlichen Ikonographie wird die Erleuchtung oft als Taube des Heiligen Geistes, als Pfingstflammen auf dem Haupt der Jünger, als Mandorla oder Nimbus und in der Verklärung Christi dargestellt.

Von subtiler seelischer Zartheit sind die meisten Buddhastatuen aus dem asiatischen Raum (Abb. 18). Auf dem Haupt tragen sie das Zeichen der höchsten Erleuchtung, den tausendblättrigen Lotos, das zu voller Blüte entwickelte Kronen-Chakra. Nur ein Buddha darf dieses Zeichen, die »ushnisha«, tragen, während die kleine Locke der Erleuchtung, das dritte Auge, die »urna«, sowohl am Buddha als auch am Bodhisattva dargestellt wird. Bodhisattva bedeutet »der Erleuchtete«. Der

130

Bodhisattva hat das Gelübde abgelegt, daß er nicht ins Nirvana eingehen, sondern solange wiedergeboren werden will, um als Lehrer zu helfen und den Weg zu weisen, bis alle Kreatur erlöst ist.

Das Kronen- oder Scheitel-Chakra heißt bei den Hindus Sahasrara, das ist »tausend«, der tausendblättrige Lotos. Jedem Chakra entspricht eine bestimmte Anzahl von Lotosblättern, und es wird gesagt, daß dieser Anordnung eine mathematische Gesetzmäßigkeit zugrunde liegt, die Beziehung der Zahlen untereinander dem Gesetz des Goldenen Schnittes gehorchen und sich in dieser Harmonie die Harmonie der Sphären spiegelt.

Der Scheitel-Lotos ist der kosmische Lichtpol, und es gibt viele Ausdrücke, mit dem er benannt wird. Er ist das »Dach der Welt«, das ist »Der Innere Himalaya.« Die Chakras sind Altäre, und dementsprechend wird das Kronen-Chakra auch »Der Juwelengeschmückte Altar« genannt. Es ist der »Thron des Guru« und »Der Fußschemel der Gottheit«, das heißt Brahmans, des aus sich selbst Leuchtenden. Es ist die »Sphäre des Übermenschlichen« und das »Zeugungsorgan der Götter«, das erinnert an Athene, die aus dem Haupt des Zeus geboren wurde. Als Ich-bin-Zentrum ist es das »Ich bin das Licht der Welt« Christi (Joh. 8, 12) und – wie im Kapitel über die sieben Sterne noch dargelegt wird – bedeutet es den Auferstehungsleib Christi, den Leib der Verklärung.

An einem vielleicht drei- oder viertausend Jahre alten Haupt aus Peru (Abb. 19) ist eine Reihe von Symbolen zu sehen, von denen wir einige heute wie einst verstehen können. Auf der Stirn ein Doppelzeichen in Gestalt von zwei Kondor-Köpfen: In der Ruhe meditativer Beschauung steigt hier die bewegte und bewegende Kraft des Atems aufwärts und gleitet wieder und wieder über die Stätte des dritten Auges, so wie man eine Blume gießt und pflegt, damit sie gedeiht. Die Ohren haben S-Form, sie sind aus der beidendköpfigen Lebensschlange gebildet. Die wellenförmige Schlange deutet auf das Lebenslied hin, auf den Schöpfungsgesang und damit auf das Geheimnis der Weltanhörung. So wie die Weltanschauung sich im Schauen mit dem dritten Auge vollendet, so die Weltanhörung im voll entwickelten geistigen Hören, bei dem die inneren Ohren die Harmonie der Sphären vernehmen können – aber auch

»das leiseste Flüstern der menschlichen Seele« [30] der leidenden und um Hilfe rufenden Menschheit. Auf dem Scheitel des Hauptes befindet sich eine kleine Schlangenkrone als Sinnbild für die vollendete Blüte der Erleuchtung.

Im alten Peru wurde die Geburt des oberen Menschen auch dargestellt, indem ein kleines menschengestaltiges Wesen dem Scheitel entsteigt, und zwar auf dem Kopfe stehend, womit gemeint ist, daß es sich hier um ein Geschehen der »anderen« Welt handelt. So könnte auch die Geburt der Athene aus dem Haupt des Zeus dargestellt werden.

Was dem Christen Christus bedeutet, mag in jener Zeit dem Indianer Viracocha bedeutet haben, und eine der hervorragendsten Darstellungen ist die »Estela Raimondi« (Abb. 20). Hier trägt der gewaltige Sonnen- und Schöpfergott eine kühne Krone auf dem Haupt, als Geistflamme aus Feuer und Wasser schießt sie empor. Das sind die beiden Urelemente, die auch der Adept bestanden haben muß. Feuer und Wasser sind die Elemente der Taufe und Wiedergeburt.

In Melanesien wird der Schöpfergott ebenfalls häufig mit einer kühnen Federflamme der Erleuchtung dargestellt. Diese eigentümlichen sogenannten Uli-Figuren wirken zunächst befremdend, doch bald entdeckt man viele bekannte Symbole. Die Uli-Figuren sind zweigeschlechtlich. Oft stößt von der Stirn ein Vogel herab, und von unten strebt ihm ein anderer Vogel entgegen; auf der Brust ist gelegentlich das Sonnenrad zu sehen. Hier ist wieder das Kreisen der Sonnenkraft durch die Planetenwelt des äußeren und inneren Firmamentes bis zur aufflammenden Erleuchtung im kosmischen Menschen dargestellt.

Auf einem Holzschild aus Borneo (Indonesien) ist ein Mensch in einer Stellung der Selbstfesselung zu sehen, der absoluten Ergebung und des Gehorsams. Hier ist der irdische Leib ganz untertan dem Haupte, das in höchster göttlicher Erleuchtung entfaltet ist.

Und weiter auf dem Weg durch die Kulturen zu einer Darstellung der Erleuchtung im Islam (Abb. 21). Hier ist das Abbilden Gottes und seines Gesandten eigentlich nicht erlaubt, denn Allah dürfen keine »Gefährten« zugesellt werden, wie es im Koran immer wieder heißt, und eine Abbildung gilt schon als Erschaffung eines Idols, eines Götzenbildes. Aber dieses Verbot wurde – vor allem von der persischen Miniaturmalerei – insofern durchbrochen, als man Mohammed doch darstellte, allerdings wurde sein Gesicht fast immer weiß belassen.

Nun gibt es aber gerade von der sogenannten Nachtfahrt des Propheten Mohammed, seiner höchsten kosmischen Einweihung, herrliche Darstellungen, wie diese aus dem 16. Jahrhundert. Mohammed, »der Gepriesene«, reitet auf Burak, einem Pferd mit Menschenkopf, demselben, auf dem schon sein Ahnherr Abraham der großen Einweihung entgegenritt; es symbolisiert Nafs, die siebenfache Triebseele, die dem Propheten zum willigen, gehorsamen Diener, zum Reittier, geworden ist. Geführt wird Mohammed vom Erzengel Gabriel. So reitet er durch die sieben Planeten-Sphären zum Himmlischen Jerusalem. Das ist der Königsweg des Adepten zu den höchsten Meistern der Hierarchie, zum höchsten Herren selber, von dem der Prophet den Auftrag für sein irdisches Wirken empfängt.

Auch dem Mohammedaner gelten die Planeten als Wesenheiten und Mittler zwischen Gott und Mensch; jeder Planet ist ein Siegel, das gelöst werden muß. Mohammed, der Prophet Gottes und »König«, ist umlodert von der goldenen Flamme kosmischer Erleuchtung.

Der Sufi-Mystiker und Dichter Nizami (1141–1202), den man den »Spiegel des Unsichtbaren« genannt hat, stellte den Königsweg der Seele in Dichtungen von märchenhafter Schönheit dar. Der Prinz wird zum König, indem er »um der Wahrhaftigkeit willen Gottesverehrung« ausübt, »entsagend der Verehrung des eigenen Ich«. So kommt er »aus dem Labyrinth der untergeordneten Natur in die klare und befreiende Erkenntnis«.

DIE ACHSE DER WELT

Es gibt zwei schlichte Figuren, mit denen zugleich Kosmos, Sonne und Mensch dargestellt werden. Es ist der Kreis und das Kreuz. Diese beiden ursprünglichen Symbole und ihre Vereinigung – das vom Kreis umgebene Kreuz – findet man ebenso auf frühesten Steinzeit-Zeichnungen wie in den Hochkulturen und nicht zuletzt im Christus-Monogramm (Abb. 48).

Der Kreis hat als Zentrum den Mittelpunkt – das Geheimnis des absoluten Hier und Jetzt; und das Kreuz hat als Zentrum den Schnittpunkt der beiden Balken. Kreuz und Kreis sind zwei Aspekte ein- und derselben Sache: Wenn man das Profil eines Rades betrachtet, sieht man eine Linie; die beiden Linien des Kreuzes, die Waagerechte und die Senkrechte, haben weder Anfang noch Ende, sondern vollenden sich im Kreisen.

Die Senkrechte des Kreuzes ist die Achse der kreisenden Welten. Die Sonnwendachse wird auch der Mittelpfeiler des Kosmos genannt. Die Senkrechte des Kreuzes ist die tragende Säule, sie ist der Weltenbaum. Zahllos sind die Bilder und Texte, mit denen dies in den Menschheitskulturen dargestellt wird.

In den Mithras-Mysterien heißt es in einer Hymne:

»Heil euch, ihr sieben Töchter des Himmels!
... Ihr heiligsten Wächter der himmlischen Säulen...
Heil euch, ihr Wächter der Achse der Welt!
Heilige, starke Jünglingsgestalten!
Ihr schwingt gemeinsam auf göttliche Weisung
Die drehbare Achse des Kreises der Himmel...«
[51, S. 183]

Das ist als eine Anrufung und Lobpreisung der Planetengötter zu verstehen!
Eines der berühmten Symbol-Theoreme des Pythagoras
lautet: »Die ganze Welt ist nur *eine* Harmonie und *eine* Zahl.«
Die Gestalt der Eins wird als senkrechter Balken oder Säule ge-
schrieben: I – die Achse der Welt.
Die Lehre des Pythagoras von der Harmonie der Welten ist
darstellbar und hörbar durch das Monochord, ein Musikinstrument mit nur einer einzigen Saite mit verstellbarer Tonhöhe.
»Harmonikos« bedeutet »zur Musik gehörig«. Die Welt ist gebaut nach den Gesetzen der sichtbaren, hörbaren, meßbaren
Intervalle, und diese sind in ihrer Grundfiguration auf dem
Monochord angegeben. Seit etwa hundert Jahren bemüht die
Forschung sich darum, die pythagoreische Lehre dem modernen Menschen wieder zugänglich zu machen; sie ist ein Schlüssel zur Mysterienweisheit und -wissenschaft der Antike. [35]
Aus dem 16. Jahrhundert gibt es eine allegorische Darstellung des Universums in Gestalt eines Monochords von dem
Engländer Robert Fludd (Abb. 22). Hier ist die Lehre des
Pythagoras, ja, die antike Wissenschaft von der Harmonie ganz
allgemein, noch wach. Fludd bringt auch ein Bild von der Musik
der Seele (Abb. 23). Ohne auf Einzelheiten der Darstellung ein-
zugehen, was in diesem Rahmen zu weit führen würde, sei hier nur
darauf hingewiesen, daß auch dieser in Sphären aufgeschlüsselte Kosmos-Mensch, genauso wie der Adam-Kadmon (S. 92),
die Lichtkrone trägt. Und im Mittelpunkt steht die Sonne und
das Herz!
Die Achse der Welt als Monochord, gewissermaßen als Ton-
leiter, davon wußte auch Pindar (522–442 v. Chr.) zu berichten,
wenn er den Kosmos »lieblichsingend« nannte. Die Achse der
Welt hat ihre Entsprechung aber auch in einer im Menschen

von der Sohle zum Scheitel, vom Schoß zum Scheitel verlaufenden Linie, deren physische Repräsentanz die Wirbelsäule ist. Diese mittlere Säule gilt als Urstrahl oder Urodem. Als Einheit des vollkommenen Atem Gottes wird der Strom der mittleren Achse in Indien Sushumna genannt.

Diese innere Achse oder Leiter muß jeder erklimmen, der den oberen Menschen entwickeln will. Es ist die Jakobsleiter, von der im Alten Testament berichtet wird; sie »leitet« den Menschen, und auf ihren Sprossen steigt er aufwärts, um das ihm innewohnende Gesetz zu erfüllen.

In einem Lektionar von der Insel Reichenau, mit ihrer bedeutenden Geschichte christlichen Klosterlebens, ist eine Initiale I zu finden, die in Gestalt eines Baumes die Achse der Welt abbildet, auf der ein Kletterer aufwärts strebt. Der Baum ist verwurzelt in der Erde – als Lebensbaum – und ist auch verwurzelt im Himmel – als Baum der Erkenntnis; beide waren eins und werden im vollkommenen Menschen wieder eins sein. Die Achse hat die Gestalt der römischen »I«. Der Kletterer blickt aufwärts – die dem Menschen gewiesene Richtung ist der Weg nach oben. Schlichter und wahrer kann der Weg und die Mühe des Wahrheitssuchers nicht dargestellt werden als in diesem Werk aus dem 10. Jahrhundert. (Abb. 24)

Die innere Leiter hat Sprossen, hat Stationen, es sind die Chakras, von denen auch bei uns heute Darstellungen aus der indischen oder tibetischen Tradition bekannt geworden sind (Abb. 25). Insbesondere sei auf das Herz-Chakra hingewiesen mit seinem Symbol, dem sechszackigen Stern.

Hier noch einige Bemerkungen zum Herz-Chakra, Anahata genannt. Ana heißt Gnade, Ha ist die Sonne und Tha der Mond. Anahata bedeutet also die gnadenvolle Vereinigung von Sonne und Mond, den beiden polaren Urprinzipien. Man könnte auch sagen, Anahata ist der Altar, auf dem die Vereinigung von Himmel und Erde gefeiert wird. So wird Anahata in der Überlieferung auch »Gnadenaltar« und »Strahlenthron des Allmächtigen« genannt.

Das Herz ist auch der Mittelpunkt des Kreuzes, dort findet man die mystische Rose. Dort vereinigen sich Erkenntnisbaum und Lebensbaum. Oder im geometrischen Bild: Das obere und das untere Dreieck durchdringen einander auf dem »Altar der

Gottesverehrung« und werden zum Stern (Zeichnung siehe S. 102).

Durch die Herzkraft der selbstlosen Liebe lösen sich die egoistischen Triebe des unteren Menschen auf, der untere Mensch wird zum fähigen Werkzeug des oberen Menschen. Das Herz ist die Stätte der Intuition. Besonders realitätsgerecht ist seine Darstellung als geflügeltes Herz, denn je mehr vom Ballast des unteren Menschen abgeworfen wird, desto leichter strebt und fliegt es aufwärts.

Dein Herz werde leicht wie die Feder auf der Waage des Thot, heißt es in einem altägyptischen Text. Das Herz ist der Richtplatz, denn wiegt es schwer, so darum, weil es von Weltlast an die Erde gefesselt ist. Ein schweres Herz kann nicht in den Himmel und zu den Göttern aufsteigen.

Der Vokal des Herzens ist das »A«. Als Bewußtseinselement des Herzens wird Ischa (Jesus, Jahwe), der Herr mit Stab und Zepter, genannt. Alle sieben Chakras sind Ich-bin-Zentren, weil sie Aspekte des Bewußtseins sind, und sie entsprechen den sieben Ich-bin-Worten Christi im Johannes-Evangelium. Der Herr mit dem Stab ist der gute Hirt, so sagt ja auch Jesus von sich:»Ich bin der gute Hirte« (Joh. 10,11). Das ist das Wesen des Anahata, der Stätte der Liebe, Güte und Duldsamkeit.

Wenn hier ausführlicher über das Herz-Chakra gesprochen wurde, so soll noch einmal betont werden, daß es ohne Anweisung durch einen geistigen Lehrer nicht ratsam ist, sich auf das Herz-Chakra – respektive auf das, was man dafür hält – zu konzentrieren, da dies zu Herzbeschwerden und Atemnot führen kann. Wer hingegen immer mehr darum bemüht ist, die psychischen Qualitäten des Herzens – Glaube, Liebe, Hoffnung, Demut – zu entfalten, ist auf dem richtigen Weg und findet auch Führung und Hilfe. Er muß nicht fürchten, irgend etwas zu versäumen.

Durch die Chakras – sie werden als heilig bezeichnet – bewegt sich das kreisende Licht. In der Meditation versenkt der Mensch sich in diesen Kosmos seines Innern, so wie es in einer Weisung der Bhagavad Gita heißt: »Nimm im Himmel deines Innern Zuflucht.« Oder wie es im Neuen Testament heißt: »Das Reich Gottes ist inwendig in euch.« (Luk. 17, 21)

In seinem Werk über die Chakras stellt Werner Bohm [9] die

Überlieferung des tantrischen Buddhismus dar, zieht aber auch die Parallele zum Abendland. Er schreibt u. a.: »Verbindet man die Zentren (Chakras), so daß die sich ergebende Kurve zur Spirale wird, welche sich um das Rückgrat rechts und links herumwindet, erhält man das Bild des Merkurstabes. In Spiralform windet sich auch unser Sonnensystem im Weltenraum in Richtung auf jenen ›Apex‹ [scheinbarer Richtungspunkt der Bewegung der Sonne im Weltraum] genannten Punkt im [Sternbild des] Herkules. Das gleiche Gesetz waltet im Menschen wie im Kosmos. Man kann das Rückgrat als eine Art innerer Ekliptik auffassen. Es ist allerdings eine Mondenekliptik, in der die dreißig Wirbel dreißig Tagen des Mondes entsprechen würden. Das durch die Zentren gesandte Bewußtsein (= Licht) kann als Sonne aufgefaßt werden. Die Sonnenwenden würden dann im Haupt (innerer Winter) und im Sexus (innerer Sommer) liegen.« [9, S. 55] Mit wissenschaftlicher Gründlichkeit hat vor allem auch Julius Schwabe über diese Hypothesen gearbeitet. [52]

Das Licht im Innern, die Atemkraft – und das ist keine Hypothese – kreist also in zweierlei Bewegungen; einmal vom Scheitel zum Schoß und wieder aufwärts, und zum andern, innerhalb dieser Kreisbewegung, noch in Wellen- oder Spirallinien; so umkreisen die beiden Atemströme – Ida und Pingala (die passive und die aktive Atemkraft) – die Atem-Mittelsäule, die Sushumna. In vereinfachter Form wird das im Symbol des Merkurstabes dargestellt.

Der Hermes- oder Merkurstab (Caducaeus) ist aber der Stab des Hirten und ist das Zepter des Weltenkönigs! Er ist dem Götterboten Hermes als Abzeichen seiner Würde in die Hand gegeben. Hermes ist der Führer der Seelen, der Psychopompos. Er stellt das Urbild des Guru dar, des geistigen Lehrers und Meisters.

Oft wird Hermes mit dem Dionysos-Knaben auf dem Arm dargestellt – der Lehrer mit seinem Schüler, das deutet auf seinen Dienst als Erzieher und als Geburtshelfer im Geistigen. Hermes ist der geflügelte Gott-Mensch, der die Botschaft bringt. Wie alle großen Lehrer ist er Repräsentant des »Geistes der Führung«, »Erwecker der schlafenden Welt«, Erlöser und Beschützer.

Wie aber lautet die Botschaft? Sie ist dargestellt in der geheimen Chiffre des Schlangenstabes, dem Stab des Heils und der Heilung, der zu Recht zum Symbol des Arzttums wurde. Der von zwei Schlangen umwundene Stab symbolisiert die Sonnen- oder Schlangenkraft, bei den Indern Kundalini genannt, er symbolisiert, wie wir sahen, die Atemkraft. Der Atem aber ist die heilige, heilende Kraft, mit der Gott den Menschen beseelt, so wie berichtet wird, daß Gott seinen Odem dem Adam einblies. So werden kraft des richtig geführten Atems die brachliegenden inneren Kräfte des Meditierenden entfaltet. Der Atem ist eine Brücke zu Gott.

Angerührt von der Atemkraft ertönt im Innern die eigentliche Musik. »Die richtige, höchste Melodie wird aber ohne Stimme gesungen ... Sie tönt im Innern des Menschen, in seinem Herzen, in allen Gliedern. So sind die Worte des Königs David zu verstehen: Alle meine Gebeine lobpreisen Gott«, heißt es in der kabbalistischen Überlieferung.

Pythagoras – so wird berichtet – hat auf dem Sterbelager seinen Schülern noch besonders ans Herz gelegt, das Monochord zu spielen – das bedeutet, entschlüsselt, daß er ihnen buchstäblich ans Herz-Chakra gelegt hat, den Kreislauf des tönenden Lichtes in ihrem Innern zu pflegen, um sich immer höher einzuschwingen in das Lied, das jeder einzelne in der Weltensymphonie zu spielen hat.

Der Kirchenvater St. Basilius (329–379) nannte den Leib ein Psalterium, »ein Saiteninstrument, zugerichtet zum Gesang der Hymnen, unserem Gott. Die Handlungen des Leibes selber können zu Psalmen werden, da derselbe so harmonisch gebildet ist, daß selbst unsere Bewegungen zur Harmonie werden«. [34, S. 34]

Die Weltachse ist in der Harmoniklehre des Pythagoras die »Zeugertonlinie«, sie ist der Schöpfergott selber. Sie ist aber auch der Pfeil, mit dem der Mensch sich wieder hineinschnellen läßt in seine Urheimat. In ungezählten Bildern und Vergleichen kann man das Wesen dieser Achse zu beschreiben versuchen. Sie ist auch das Tao, die Einswerdung und das Einssein der beiden polaren Prinzipien Yin und Yang. Sie ist auch der »Firstbalken«, von dem Lao-tse schreibt; der Firstbalken stellt den Weg des Himmelssohnes dar, und man muß auf ihm entlang balancieren und das Gleichgewicht halten, als ginge man auf einem ausgespannten Seil.

Aber immer geht es darum, nicht im Registrieren dieser Dinge zu verharren, sondern den Wegweisern zu folgen, konkret, in jedem Augenblick von neuem den ersten Schritt auf dem Pfade zu tun. Denn je weiter man kommt, desto mehr sieht man, daß man immer am Anfang ist.

Gesagt und abgebildet wurde all dies immer wieder und zu allen Zeiten; man könnte Bände füllen mit Texten und Bildern aus aller Welt, den heiligen und den auslegenden Schriften unter dem Motto: Die Menschheit meditiert den Kosmos. Jedoch getan werden muß die Arbeit immer neu; jeder Augenblick ist Schöpfung, und jeder Augenblick ist Auftrag an jeden einzelnen Menschen.

Man hat auch das Gebet als »Achse der Welt« bezeichnet. Im wahren Gebet ist die Seele bemüht, sich ins Licht, das heißt in die göttliche Harmonie zu erheben. Je besser das gelingt, desto heiler und glücklicher ist nicht nur sie selber, sondern desto mehr Heil und Harmonie strahlt sie auch auf andere aus. So wird das Bild der Seele als Monochord noch verständlicher.

Hohes Gebet ist Anrufung und Verherrlichung Gottes, des Heiligen Namens. So überliefert es die Kabbala, so geschieht es mit Hilfe der Mantras im Hinduismus und Buddhismus, mit den Wasifas der Sufis, mit dem Herzensgebet der Hesychiasten, mit dem bis in die Tiefe nicht nur der Seele, sondern der letzten Zelle ertönenden Gottesnamen »Amen«.

Ton, Buchstabe, Silbe, Wort – im Gebet sind es Gottesnamen, sind. was sie vom Ursprung her meinen. So übt die Seele sich auf das Schöpfungslied ein, wie es im Monochord dargestellt ist. Da liegt die große Verantwortung, indem jeder zum Mißton oder zum Akkord im großen Orchester werden kann, das heißt zum Schmerz oder zum Heil.

Reinhold Schneider schrieb die Verse:

»Allein den Betern kann es noch gelingen,
Das Schwert ob unsern Häuptern aufzuhalten,
Und diese Welt den richtenden Gewalten,
Durch ein geheiligt Leben abzuringen.«

Aber der Weg ist schwer, die Hindernisse groß und die manchmal kaum zu definierenden Widerstände oft so belastend, daß das Vertrauen fest gegründet sein muß, um nicht ins Wanken zu geraten. Auch ist manche »Kinderkrankheit« und Entwicklungskrise bis ins Physische hinein zu überwinden. Wer auf dem Weg zum Heil ist, kann nicht verlangen, daß er schon heil ist. Alles, was erstrebenswert ist, erfordert Mühe und Anstrengung. Wir müssen den Berg auch nicht unbedingt auf dem steilsten Pfad ersteigen wollen, sondern sollten die Steigung wählen, bei der wir – soweit möglich – in gelassener Zuversicht voranschreiten können. Ausgerüstet mit den Waffen des Lichts lernt man auch, nach jeder unvermeidlichen Niederlage immer schneller wieder aufzustehen und nach dem Zwischensieg den Helm fester zu binden.

Während das Monochord – wie schon gesagt – die innere Wirbelachse der Welt und des Menschen darstellt, bildet ein anderes Musikinstrument das Herz nach: die Lyra. Das Herz Gottes, so heißt es, ist das All. Daher in den Hymen des Orpheus der Vers »Der du mit goldener Laute des Alls harmonischen Lauf lenkst«. Bei der sagenhaften Gründung der Stadt Theben – Stadtgründung meint in alter Zeit irdische Nachbildung und Beschwörung der Kosmos – heißt es: »Sieben Tore öffnen sich in der Mauer Thebens, denn die Lyra Amphions hat sieben Saiten.« [34, S. 20]

Sieben Tore sind im Innern des Menschen, die erschlossen werden sollen. Mund und Tor sind einander entsprechende Sinnbilder. Die flammende Geistsäule auf dem Haupte Viracochas (Abb. 20) ist aus sieben »Mäulern« aufgetürmt. Fortzeugend entspringt, entströmt, entsteigt dem Haupt des Gottes die Krone der Schöpfung – die ganze Gestalt eine kraftvolle Säule, Achse und Träger der Welt.

Weitere Bilder und Beispiele: (Abb. 26) In Neu-Guinea hängen von der Decke der Eingeborenenhütten Haken herab, an denen alles mögliche aufbewahrt wird. Diese Haken haben oft die Gestalt eines eigenartig stilisierten Menschenwesens: um einen Mittelknauf konzentrische Kreise. Hier ist wieder der inwendige Mensch dargestellt, sowohl in der Kreisform als auch in der Achse. Ein ganz schlichtes Symbol und keineswegs in dem üblichen abwertenden Sinne »primitiv«.

Aus China eine kostbare Darstellung des Menschen, die, nach alter Überlieferung, erst im vorigen Jahrhundert für die breitere Öffentlichkeit angefertigt wurde: Auch hier wird das Schema durch die Wirbelachse – also durch die Senkrechte – und durch den Kreis bestimmt. Die ganze Figur tendiert zur Ellipse, außerdem befindet sich im Mittelpunkt, in der Herzgegend, ein schneckenartiger Wirbel. (Abb. 27)

Wir sehen eine aus vielen Elementen zusammengefügte Landschaft. Da sind anmutige Bilder, aber auch die feinen oder kraftvollen »inneren Pulse«, durch die die Atemströme oder auch die Chi-Kraft (Lebenskraft) auf- und niedersteigt. Im Schoß treten ein Junge und ein Mädchen das Schöpfrad, sie halten die Welt des Yin und Yang in Gang. Darüber der Pflüger, dann die Spinnerin, dazwischen – wie eine strahlende Sonne – vier Yin- und Yang-Kugeln. Und im Herzen hält ein Knabe – wie ein Jongleur – sieben Sterne in kreisender Bewegung. Sieben Sterne tanzen im Kosmos des Innern. In der Gegend des Mundes steht ein Mönch mit hochgereckten Armen, darüber, etwa an der Stätte des dritten, des himmlischen Auges, in ruhevoller Haltung der Meister. Und über dem Gipfelgebirge des Hauptes eine Lichtperle.

Das ist nur ein kleiner, beschreibender Hinweis auf die Fülle dessen, was dieses Bild darstellt und was letztlich nur von dem richtig gelesen werden kann, der in dieser Schule unterwiesen und eingeweiht wurde, denn dieses Bild ist nicht nur Grundlage meditativer Praxis, sondern es heißt, es bilde auch das medizinische und therapeutische Wissen des alten China ab. In den Hochkulturen (wie auch in den Naturreligionen der »Primitiven«) ist der Heilsweg der meditativen Schulung nicht zu trennen von der Heilung des Körpers. Der Arzt ist Werkzeug und Handlanger der göttlichen Kräfte, die er dem Kranken vermittelt. Man sucht auch nicht erst den Pfad, wenn einen Krankheit dazu zwingt, sondern müht sich ständig um Erhaltung der Gesundheit und Harmonie und Steigerung der inneren Kräfte.

Eine andere Darstellung bringt dasselbe Thema, etwas stilisiert, in einem mandorlaartigen Kreis, das Haupt umgeben von einem weiteren Nimbus. (Abb. 28)

Kreuz und Kreis weisen auf die beiden Urformen der Gebetshaltung hin. Bei der einen ist der Mensch gleich dem Lebensbaum aufgerichtet, breitet die Arme aus oder reckt sie empor, wie auf dem Bild des Königs Ech-en-aton (Abb. 14) und wie bei dem Mönch im Haupt der chinesischen Abbildung (Abb. 27). Diese Gebetshaltung, die dem Zeichen des Kreuzes entspricht, war auch bei den frühen Christen üblich. Zur senkrechten, aufsteigenden Hinwendung muß die Horizontale, das Hinschenken an die Welt hinzukommen, wenn man der ganzen Aufgabe gerecht werden möchte. Sind die Hände nach oben geöffnet, empfangen sie, sind sie nach unten geöffnet, geben sie Empfangenes weiter. Die andere Gebetshaltung ist das Sich-Neigen, Sich-nach-innen-Wenden, Um-das-Innen-Kreisen. Es ist die Haltung der Demut und Einkehr. Man bildet ein Rund, das dem Weltenei zu vergleichen ist, diesem Symbol ewiger Schöpfung und Geburt. In der Wendung nach innen wird die Geburt des wahren Menschen, die Wiedergeburt ersehnt und eingeleitet. Die beiden Gebetshaltungen – das Aufrecken im Zeichen des Kreuzes und das Kreisen um die heilige Mitte – ergänzen einander.

DER WIEDERGEBORENE ADAM

»Hell ist der Götter Antlitz aufgegangen,
das Auge Mitra's, Varuna's und Agni's:
Sonne, die Seele des, was geht und steht,
hat Himmel, Erde, Zwischenreich erfüllt.« [44, S. 43]

So heißt es in den Hymnen an Surya, die Sonne, in der Rig-Veda.

Ebenso wie in den altindischen Veden wird Mithra auch in der Zend-avasta des Zarathustra besungen. Er ist der wachsame Herr und Beschützer, er ist, so heißt es: kraftvoll, weise, ehremächtig, durch Reinheit lieblich, im heiligen Worte lebend. Er ist Heilgeber und Reinheitgeber.

Zarathustra verkündete das Kommen des Sonnengeistes, seine Inkarnation auf der Erde, das Kommen der »heiligen Zeit«. Um die Zeitenwende drang der altpersische Mithras-Kult gleich einem Herold der christlichen Religion ins Abendland ein. Mithras, der Helios der zarathustrischen Religion, ist »sol invictus«, die unbesiegte Sonne. Im Mithras-Kult, mit seinen Mysterien und Einweihungen, breitete sich die »gnostische Weltreligion« aus. Gnosis wurde bis vor noch gar nicht langer Zeit fast ausschließlich als eine häretische Strömung angesehen, als Irrlehre und Ketzerei innerhalb der frühen christlichen Kirche. Durch die Funde originaler Kodizes ist man nun aber nicht mehr angewiesen auf Zeugnisse über die Gnosis aus der Feder von Männern, die sie bekämpften, sondern konnte feststellen, daß es sich hier tatsächlich um eine Art Weltreligion gehandelt haben muß, um eine esoterische Tradition vorchristlichen Ursprungs, deren Wurzel vielleicht in Persien und im alten Ägypten zu suchen ist. »Die Gnosis ist ein Moment der Verinnerlichung und Vertiefung in die unbekannten Bezirke der Seele«, schreibt der holländische Religionshistoriker Gilles Quispel. [42, S. 40] Er nennt die Gnosis eine »Weltreligion«, ihr Wesen läßt sich mit dem Motto »Glückselig, wer seine Seele erkennt« charakterisieren. Sie steht also auch unter dem Einweihungswort: »Erkenne dich selbst«.

Im Mithras-Kult strömten die Elemente der großen Mysterien des Nahen und des Fernen Ostens zusammen; und die Mithras-Religion wäre vielleicht tatsächlich zur Weltreligion geworden, wenn man ihren Charakter als »Herold Christi« verstanden hätte. Aber die Zeit war noch nicht reif für eine solche weltversöhnende Erfüllung. Denn tatsächlich brachte der Siegeszug des Christus-Kreuzes sogar die Vernichtung der als heidnisch gebrandmarkten alten Mysterien-Kulte. In diesem zornigen Akt der Intoleranz und des religiösen Übereifers begann das Christentum seinen Weg nach Europa unter unseligen Vorzeichen. Nur als geheimer, unterirdischer Strom floß die Weisheit von der Einheit im Geiste durch die Jahrhunderte weiter, um vielleicht heute unter dem Zeichen eines sich läuternden Christentums ans Licht treten und den Weg weisen zu können.

Der Sonnengott Mithras der zarathustrischen Religion gilt als der Seiende und der Kommende, er ist der wiedergeborene, der erhöhte Adam. In strahlender Schönheit zeigt ihn ein Kultbild, das in Rom oder Modena gefunden wurde und heute im Museum von Modena (bei Bologna) steht. (Abb. 29)

Über das Alter dieses weißen Marmorreliefs ist man sich nicht einig; aber gerade hier zeigt sich erneut, wie unwesentlich bei

144

großer Kunst die Altersbestimmung ist, sie hat lediglich historischen Wert. Wesentlich hingegen ist, daß sich hier die kosmische Symbolsprache, in der der Sonnengott und jene Macht, die die Sonne repräsentiert, verehrt wird, in einzigartiger Fülle darbietet. In diesem Bildwerk scheint sich das Wissen der Frühzeit und der Antike zu kristallisieren; selbst eine ausführliche Beschreibung kann seinen unausschöpflichen Sinngehalt nur andeuten. Auch ist hier sicher vieles mitgeteilt, was nur derjenige verstehen könnte, der ein Eingeweihter der alten Mysterien ist. Vor allem würde eine astrologisch-astronomische Aufschlüsselung vermutlich noch viele Geheimnisse zutage fördern.

Das Kultbild zeigt einen schönen, kraftvollen Jüngling, umgeben von einer Mandorla aus den Tierkreiszeichen. In den vier Ecken jeweils ein Männerkopf von verschiedenem Alter, meistens als »Windgott« gedeutet, jedoch eher die vier Jahreszeiten symbolisierend, das sind die Hauptstände der Sonne im Kreislauf des Jahres.

Der Tierkreis ist das kosmische Weltei, aus dem sich unerschöpfliche Schöpfung ergießt. Entsprechend ist auch der Mensch als Weltei zu verstehen. Wenn das Ei aufbricht, das heißt, wenn die Seele des Adepten, die Meisterseele, über die Gebundenheit an das Sternenkreisen hinausreift, dann ist die Geburt des erhöhten Adams, des Christus-Geistes, die Zarathustra verkündete, vollzogen. Dieses Ereignis ist bei dem Jüngling eingetreten – gebunden und eingewoben in den kosmischen Tierkreis, ist er dennoch frei. Er steht auf der einen Hälfte des aufgebrochenen Welteis, aus dem Flammen steigen, und über seinem Haupt ist die andere Hälfte zu sehen, aus der ebenfalls Flammen schlagen. Aus dem Feuer der Reinigung und Wandlung, der Gottesliebe und Gottesweisheit, ist strahlend der wiedergeborene Mensch hervorgegangen. Die Bocksfüße des Jünglings deuten auf die niedere Natur, besser gesagt, auf den natürlichen Menschen hin, der zwar vorhanden – nicht geleugnet und nicht vernichtet –, jedoch überwunden und beherrscht wird.

Um den Leib des Jünglings windet sich eine Schlange, deren Kopf über dem Haupt als Oval mit einem zentralen Auge sichtbar wird. Man hat die Schlange als den Strom der anfangs- und endlos dahinfließenden Zeit gedeutet; auch das mag richtig sein, denn Symbole sind vielschichtig. Und bei der äußersten Genauigkeit antiker Darstellungen hat mit Sicherheit auch die Anzahl ihrer Windungen Bedeutung. Auf jeden Fall symbolisiert die Schlange die Kundalini – die kosmische Energie –, die im Menschen zur Entwicklung seiner seelischen und geistigen Potenzen aktiviert werden kann.

Der Schlangenkopf über dem Haupt des Adepten – d. h. des in die geheime Weisheit Eingeweihten – ist das Auge des Sehers, denn in der Wiedergeburt ist der Adept zum Seher geworden. Das Auge erscheint nicht auf der Stirn, sondern über dem Haupt, und weist damit auf die allerhöchste Stufe der Einweihung hin. So zeigt sich in diesem wiedergeborenen Ur-Adam-Mithras auch der Schöpfergott selber, er, dessen wahres Antlitz hinter der goldenen Scheibe der Sonne verborgen ist.

Hinter den Schultern erscheinen die beiden Spitzen der Mondsichel, darüber – hinter dem Haupt – noch einmal ein Strahlenbündel.

Der Jüngling ist geflügelt. Flügel bedeuten Unabhängigkeit von Zeit und Raum, die Fähigkeit, mit Geisteskraft in Augenblicksschnelle auch dort sehend gegenwärtig zu sein, wohin der Körper nicht eilen kann. Flügel – das bedeutet Beherrschung des Universums.

In der Mitte der Brust: ein Löwenkopf, rechts und links davon der Kopf eines Widders und eines Bockes, das sind astronomisch-astrologische Aussagen. Das Löwenhaupt bedeutet das Sonnenhaupt, das sich hier im seelischen Herzzentrum befindet – die strahlende Sonnenkraft des voll entfalteten Herz-Chakras. Das Löwenhaupt ist uraltes Sonnensymbol und Symbol für den kosmischen Christus. »Im Herzen wird der Herr geboren«, heißt es in alten mystischen Texten. Der Löwe ist seit alters her auch das Symbol für den Pilger auf dem Pfad.

Wiedergeburt ist nicht egozentrische Selbsterlösung, sondern aus der Mitte der Herzkraft will der erhöhte Mensch denen dienen, die noch im Dunkeln tappen, noch unerwacht sind. Darum trägt der Adept die Fackel, das Lichtbündel, in der rechten Hand und in der linken den Hirtenstab des Pilgers und Führers; bei Hermes fanden wir ihn als Caducaeus. Es ist auch das Zepter des Weltenkönigs und erscheint später im Christentum als Bischofsstab.

Die Fackel hat die Form einer Vajra, des Donnerkeils, bei dem hier das obere Ende entflammt ist. Es gibt Mithras-Bildwerke, bei denen der Gott auf der Brust statt des Löwenhauptes die Vajra trägt, auch sie ist eines der Symbole mithräischer Einweihung. Noch heute gehört die Vajra im tibetischen Buddhismus zu den heiligsten Kultgegenständen. Sie ist Symbol für die kreisende, dynamische Einheit der beiden Urpole, des Yin und Yang – wie es in China heißt – und symbolisiert den Gott, der angerufen wird als »Du unser Vater und Mutter«. Eine christliche Aussage zu diesem Thema ist die »Initiale I« (Abb. 24).

Die hier dargestellte Mithras-Gottheit in der Mandorla der Tierkreis-Weltenuhr wurde auch Aion genannt, das ist: Heilige Zeit. Aion ist nach der altpersischen Lehre des Zarathustra der Zervan akarana, der im ewigen Lichte webt und wirkt. Es gibt kleine und große Zeitzyklen, jeder aber ist eine göttliche Wesenheit (siehe auch den altmexikanischen Kalenderstein, Abb. 7). Die allumfassende Zeit-Wesenheit jedoch, der ewige Zeitenkreis, ist »Zervan akarana«.

Es gibt eine Allgegenwart der Heiligen Zeit, das Ewige Jetzt; in der Sprache des Christen: Die Allgegenwart Christi. Der Wahrheitssucher, in seiner Verstrickung und in seinem Wahndenken, hofft doch auf die Erfüllung der Heiligen Zeit, den Sonnenaufgang. Ex oriente lux.

»DU UNSER VATER UND MUTTER«

Urmutterkult erlischt nicht; er ist archetypisch. Hier zunächst zwei Beispiele weiblicher Gottheiten aus Vorderasien. Aus Syrien stammt diese Statue der Atargatis, der Dea Syria, ein Bronzebild aus dem letzten Jahrtausend vor Christus. (Abb. 30). Sie ist Jungfrau-Mutter, der weibliche Aspekt des Einen. Es ist Eva und Maria. Die Schlange windet sich um den Leib, nicht anders als beim Aion, dem Kosmos-Menschen und Gott der zarathustrischen Religion (Abb. 29).

Auch Maria, die Mutter Jesu, wird häufig über einer Erdkugel schwebend und mit einer sich hochwindenden Schlange dargestellt – als kosmische Allmutter! Wie sich Adam in Christus vollendet, so vollendet Eva sich in Maria. Es wurde jedoch schon gezeigt, wie Christus in der Christus-Sophia als übergeschlechtlich verstanden wird. [6] Der Kosmos-Mensch ist übergeschlechtlich, Repräsentant des Einen, der sich sowohl im Männlichen als auch im Weiblichen manifestiert.

Der Kult der Syrischen Göttin soll – jedenfalls in späterer Zeit – orgiastisch gewesen sein, wie das oft der Fall ist, wenn der Kult einer weiblichen Göttin in Verfall gerät. Jeder Kult wird auf der Ebene ausgetragen, auf die der Andächtige sich – geführt oder ungeführt – emporschwingen kann. Und über den Verfallserscheinungen eines Kultes sollte man nicht ihr eigentliches und ursprüngliches Wesen verkennen.

Gleich der Dea Syria ist auch die Artemis von Ephesos (Abb. 31) ein Kultbild aus vorchristlicher Zeit. Auch sie ist die Jungfrau-Mutter und trägt ein Halsgeschmeide aus ungezählten Brüsten, Symbolen des Welteis, Quellen des Lebens, der unendlichen Schöpfung. Gleich einem Strahlenkranz ist Artemis von Brüsten umgeben. Auch die Dea Syria trägt ein Halsgeschmeide, einen »Sonnenkragen« mit den lebenzeugenden Sonnenstrahlen, was ebenfalls unerschöpfliche Lebensfülle bedeutet.

Mit diesen beiden Göttinnen ist wieder der Kosmos-Mensch gemeint, nun aber mit vorherrschend weiblichen Geschlechtsmerkmalen, als Große Mutter. Es müßte untersucht werden, ob an diesen weiblichen Gottheiten nicht auch männliche Symbole zu finden sind, so wie beim Shiva im Flammenkreis der Schöpfung weibliche Symbole vorhanden sind und auf die Übergeschlechtlichkeit hinweisen (Abb. 15).

Die Artemis von Ephesos ist in Stufen gebildet, die offensichtlich aus dem unteren Naturreich bis zum Reich der höchsten Schöpfung reichen. Auf jeder Stufe sind Tiere zu sehen, vielleicht mythische Götter, die häufig als Tiermenschen dargestellt werden, vielleicht auch astrologische Anspielungen. Es ist dies eine symbolhafte Darstellung der Evolution, in der der Mensch sich zum vollkommenen Menschen entfaltet. Er ist gekrönt mit Licht, das hier im Symbol des Tempels erscheint – so wie der ganze menschliche Leib zum Tempel Gottes werden soll.

Zwischen Fuß und Haupt, zwischen Nadir und Zenit wird Schöpfung erfahren, ereignen sich die Wandlungen des kreisenden Lichtes.

Vorderasien ist ein einzigartiges Sammelbecken für östliche und westliche Weisheit; es ist das Tor, durch das die uralten Lehren nach dem Westen gewandert sind und die Kultur des Abendlandes weit mehr geprägt haben, als man im allgemeinen wahrhaben will. Der geheimnisvolle Entwicklungsprozeß zum »Über-Menschen« fand aus dem östlichen Kulturraum über die arabische Wissenschaft Einlaß in das sich langsam christianisierende Europa. Hier traf man auf uralte heidnische Elemente verwandter Prägung, wodurch das »Neue« bereiten Boden fand für seine Saat. Aber man stieß auch auf erbitterte Gegnerschaft.

Das dunkelste Blatt der abendländischen Geschichte des Christentums ist die Inquisition, die Ausrottung der Ketzer. Das Wort Ketzer ist abgeleitet von dem Namen Katharer (von griech. Katharsis, d.h. Reinigung), ein Orden mystisch-frommer Reinheits-Brüder. Diese Mönche folgten der Gnosis des Johannes-Evangeliums und wurden im Zuge der Inquisition vernichtet. Das Wort »Ketzer« – also »Reinheit« – wurde groteskerweise zur Bezeichnung für alle Häretiker, alle sogenannten Irrgläubigen, die die Inquisition unnachsichtig verfolgte.

Es war in dieser Zeit lebensgefährlich, sich den geheimen Lehren und Mysterien zuzuwenden, und so verbarg man sie in einem Labyrinth merkwürdiger Bilder und Symbole, vor allem in denen der Alchemie, der Mutter der heutigen Chemie.

Es war einst die Kunst der Alchemie, in der sich der Prozeß der

Wandlung symbolisch durch die Umwandlung des niederen Metalls in Gold vollziehen sollte. Die Alchemie wurde aber auch zum Tummelplatz abstruser Vorstellungen, ja gefährlicher Kunststücke und Perversitäten. Jedoch von all dem bleibt ihr Kern, das Geheimnis der Neugeburt, unberührt. Das Dickicht der Absonderlichkeiten, hinter dem sich das Eigentliche verbarg oder verbergen mußte, könnte man mit der Dornenhecke vergleichen, die das Dornröschenschloß umgab.

Der Uneingeweihte, der Phantast und der Weltmensch – sie mögen den Stein der Weisen für einen Goldklumpen halten, der Erwachende aber findet sein schönstes Symbol im Heiligen Gral. Wolfram von Eschenbach hat diesen Weg zum »Geeinten Menschen« in seinem Parzival tief und ergreifend gestaltet und vermittelt damit auch eine Ahnung vom eigentlichen Sinn der Alchemie als dem Pfad, auf dem sich die Geburt Christi im Herzen vollzieht.

In der alchemistischen Bildersprache wird der geeinte Mensch in der »Chymischen Hochzeit« dargestellt (Abb. 32), wie auf diesem Blatt aus einer Handschrift des Michael Cochem (um 1530), das in der Bibliothek von St. Gallen aufbewahrt wird. Die Figur ist halb Weib, halb Mann, sie steht fast schwebend auf dem Tier der Tiefe, Symbol für die Triebnatur. Ihre Arme sind flügelgleich ausgebreitet. Rechts und links je ein Gestirnsbaum mit der Siebenzahl des Inneren Firmamentes: Sechs jeweils paarweise angeordnet, darüber ein oberstes; man könnte in anderer Terminologie sagen: das Kronen-Chakra. Es sind der Sonnenbaum und der Mondbaum, der Baum der Erkenntnis und der Baum des Lebens, die im vollkommenen Menschen wieder geeint sind. Das Haupt des geeinten Menschen ist gekrönt, darüber steht die Sonne.

Der »erhöhte« Mensch ist kein Getriebener mehr, sein Wesen ist Humanitas, Menschlichkeit im eigentlichen Sinne des Wortes. Im Neuen Testament heißt es: »Die Kinder dieser Welt freien, und lassen sich freien; welche aber würdig sein werden, jene Welt zu erlangen und die Auferstehung von den Toten, die werden weder freien noch sich freien lassen, denn sie können hinfort nicht sterben« (Luk. 20, aus 34–36). Dies ist oft im Sinne einer falschen Askese ausgelegt worden. Wer jedoch seine Aufgabe hier auf der Erde als Mensch aus Fleisch und Blut nicht erfüllt, wird auch die andere Aufgabe nicht erfüllen können. Es geht zunächst darum, die Kreatürlichkeit anzunehmen, um dann in der Entwicklung Stufe um Stufe aufwärts zu steigen, wobei jede Stufe ihr gottgewolltes Glück und ihre Schönheit hat. Mit anderen Worten: Erst wird der natürliche Leib aus dem Mutterschoß geboren, dann aber der geistliche Leib, der Christus in uns (1. Kor. 15, 44–46). Dies geschieht jedoch nicht von selber, nicht von ungefähr, sondern ist »das antwortende Handeln Gottes«. Es ist das Werk des Menschen, der in Hingabe an Gott der Vollendung zustrebt, und ist das Geschenk, das er eines Tages, wenn es sein darf, empfängt. Im Koran heißt es: »Gott ist Einer, ein ewig Einer, hat nicht gezeugt und ihn gezeugt hat keiner, und nicht ihm gleich ist einer« (Sure 112). Und doch wird Gott, der Schöpfer, als Vater angerufen, und er wird auch als Mutter angerufen oder als »Du unser Vater und Mutter«. [30] Das Gottesideal des Christen, der ihn als Vater anruft, ist eine notwendige Brücke. Die außerdem notwendige, archetypische Hinwendung zur Allmutter geschah beim Christen in der Marienverehrung. Unzählbar sind die Attribute und die Namen Gottes; jede Seele ruft ihn so an, wie es ihr entspricht und wie sie ihm zu nahen vermag.

DIE SIEBEN STERNE

In ihren großen Kulturepochen hat die Menschheit Sternbilder als Himmelsaltäre, den Kosmos als Tempel betrachtet. Davon zeugen unter anderem noch die Darstellungen des Tierkreises (z. B. Abb. 29). Die Götter sind Sterne, sie sind Träger der kosmischen Ordnung und Botschafter Gottes.

So wurde gezeigt, wie in der ägyptischen Mythologie Gott Schu das Himmelsgewölbe stützt (S. 85). In der griechischen Mythologie hat Atlas, der Sohn des Titanen, diese Aufgabe. Als tragende Säule trennt und verbindet er Himmel und Erde; seine Aufgabe ist also auch die der Himmelsleiter.

Eine hervorragende Rolle spielt das Siebengestirn der Plejaden, es ist der Himmelsaltar der sieben Augen Gottes

(AT Proph. Sacharja 4, 10). Die Plejaden sind auch gemeint in den Worten, die der Herr zu dem verzweifelten und überheblichen Hiob spricht:

»Welches ist der Weg, da das Licht wohnt, und welches ist der Finsternis Stätte, daß du mögest ergründen seine Grenze und merken den Pfad zu meinem Hause? – Kannst du die Bande der Sieben Sterne zusammenbinden oder das Band des Orion auflösen? Kannst du den Morgenstern hervorbringen zu seiner Zeit . . .?« (Hiob, aus Kap. 38)

Die astronomischen Anspielungen Gottes in der großen Rede an Hiob sind Antwort auf die rhetorische Frage: »Welches ist . . . der Pfad zu meinem Hause?« Es ist der Aufstieg durch das Siebengestirn des Inneren Firmamentes! Wer auf diesem Pfad die ersten entscheidenden Schritte getan hat, wird nicht mehr verzweifeln.

Die Plejaden sind Töchter des Atlas, die von Zeus als Siebengestirn an den Himmel versetzt wurden. Nach der Sage hatte Orion sie verfolgt, und um ihnen die Flucht zu ermöglichen, hatte Zeus sie, zunächst in Tauben, dann aber in Sterne verwandelt, an den Himmel versetzt und damit gerettet. Orion aber verfolgte als schöner und stolzer Jäger auch noch andere Frauen und wurde schließlich zur Strafe geblendet – der Sklave seiner Geschlechtlichkeit ist in höherem Sinne blind. Orion aber zog sehnsüchtig übers Meer, dem Aufgang der Sonne entgegen, die ihm schließlich das Augenlicht wiedergab. Plejaden-Mythen sind in vielerlei Variationen in den Kulturen der Menschheit überliefert.

Aristoteles berichtet von einem System der sieben Sphären. Dabei geht es nicht – oder doch nicht direkt – um die Plejaden, sondern um ein Planetensystem mit der Entsprechung im Menschen. Er spricht von Kugeln (Sphaira), also von Sphären, die nicht als Leiter oder Achse, sondern – wie die Sefirot – in konzentrischen Kreisen angeordnet sind. Ein herrliches Mosaik im Dom von Monreale (bei Palermo) stellt so die Erschaffung des Kosmos dar (Abb. 33).

Das Geheimnis der sieben Planeten fand auch im christlichen Abendland seinen Ausdruck. So in der Darstellung des »irdischen, natürlichen, finsteren Menschen« (Abb. 34) aus der »Theosophia practica« von Gichtel (18. Jahrhundert), der vor allem auf dem Planetenmenschen des Jacob Böhme fußt, auf den Lehren des protestantischen Mystikers und Meisters aus Schlesien, der die sieben Sterne zu seinem Zeichen erkor und auf die Titelseite seiner mystischen Schriften drucken ließ.

Gichtel stellt den Planetenmenschen mit Sternen und Elementen dar, und da die Planetengötter als Träger und Symbole psychischer Grundfunktionen gelten, entsprechen ihnen die sieben Todsünden und sieben Tugenden:

Planet	Sünde	Tugend
Mond	Neid	Sanftmut
Merkur	Geiz	Keuschheit
Venus	Unzucht	Barmherzigkeit
Sonne	Hoffahrt	Wohltun
Mars	Zorn	Weisheit
Jupiter	Völlerei	Demut
Saturn (Zeus)	Trägheit	Leib Christi

Dieser Aufzählung liegt in der Reihenfolge der Planeten das geozentrische Weltbild zugrunde. Man kann aber auch sagen: Es ist die Reihenfolge der um die Herzsonne als Mittelpunkt angeordneten Planeten oder Zentren. Gichtel verbindet die Planeten mit einer schneckenförmigen Spirale, das Herz als Zentrum.

Dieses System sollte vorgestellt werden, obgleich es für die Meditation wenig praktischen Nutzen hat, denn es stellt kaum nachprüfbare Behauptungen auf. Sonne und Mond erlebt zwar jeder Mensch, und sie lehren ihn seine Verwobenheit in das kosmische Geschehen. Aber wie ist es mit den anderen Gestirnen?

Wer könnte zum Beispiel den Keuschheitscharakter des Merkur fühlen oder Zorn und Weisheit des Mars? Und wie ist die Verbindung zum Inneren Firmament herzustellen? Zwar werden solche Versuche heute in einigen Schulen gemacht, aber dabei schleichen sich nur allzu leicht Selbsttäuschungen ein; auch liegt die Gefahr intellektueller Spekulation nahe, die einen nur immer mehr an die Peripherie treibt, was den Weg in die Mitte – in die echte Meditation – blockiert. In dieser Gefahr ist selbst derjenige, der mit fundiertem astronomisch-astrologischem Wissen arbeitet. Überbetontes intellektuelles Erfassen kann dazu führen, das Hirndenken dem Herzdenken überzuordnen. Es ist aber das Herz, das den großen Gedanken denkt.

Hat es dann überhaupt einen Sinn, sich mit diesen Dingen zu befassen? Ja! Denn sie spiegeln noch heute weitgehend verloren gegangenes Wissen und eine kosmische Weltschau, auf der die großen Kulturen basieren. Und durch die Medien von Wort und Bild können uns die Lichtstrahlen erreichen, die notwendig sind, um den glimmenden Funken in uns wieder anzufachen.

Bei der Betrachtung alten Kulturgutes gilt es also, wach und achtsam zu sein, denn manches wurde ungenau, mißverständlich oder schließlich sogar entstellt weitergegeben; es kann hier letztlich – bei aller Achtung vor der Überlieferung – immer nur um eine Ergänzung und Bereicherung der tatsächlichen Erfahrungen gehen.

Hermann Hesse nannte die Beschäftigung mit altem Kulturgut »Glasperlenspiel« und schrieb darüber folgendes Gedicht:

»Musik des Weltalls und Musik der Meister
Sind wir bereit in Ehrfurcht anzuhören,
Zu reiner Feier die verehrten Geister
Begnadeter Zeiten zu beschwören.
Wir lassen vom Geheimnis uns erheben
Der magischen Formelschrift, in deren Bann
Das Uferlose, Stürmende, das Leben
Zu klaren Gleichnissen gerann.
Sternbildern gleich ertönen sie kristallen,
In ihrem Dienst ward unserem Leben Sinn,
Und keiner kann aus ihren Kreisen fallen
Als nach der heiligen Mitte hin.«

Um noch einmal auf das System der Planeten, Sünden und Tugenden zurückzukommen: Die katholische Tradition unterscheidet in ihrer Tugendlehre die vier natürlichen oder Kardinaltugenden, wie sie aus der Antike überliefert sind: Weisheit, Gerechtigkeit, Tapferkeit, Besonnenheit, und die drei Göttlichen Tugenden: Glaube, Liebe und Hoffnung, die der Gerechtfertigte – sprich der vollendete »obere« Mensch – verwirklicht hat. Wenngleich auch hier die Siebenzahl vorliegt, so sind es doch andere Tugenden als die in dem oben angeführten, ebenfalls aus christlicher Überlieferung stammenden System. Wie weit bei diesen Zusammenstellungen eine gewisse Willkür mit im Spiel war, ist schwer zu sagen. Bedeutsam ist für uns heute, daß die höchste Tugend und Vollendung – Entsprechung für das Kronen-Chakra – als »Leib Christi« bezeichnet wird – der Leib der Verklärung. Es ist die Stätte der Geburt aus dem Geiste.

Das Alte wie auch das Neue Testament werden vom Siebengestirn durchleuchtet. Dies beginnt mit der Schöpfung, die am siebenten Tag vollendet ist und von dem es heißt: »Und Gott segnete den siebenten Tag und heiligte ihn« (1. Mose 2, 3). Der Weg durch die Woche ist ein Meditationsweg, der im geheiligten Sonnentag gipfelt, im Tag der Ruhe, der zu einem Eintauchen in das Zentrum der Energie werden soll.

In den sieben Wochentagen, die nach den Planeten benannt sind, liegt ein Hinweis auf die durch den inneren und äußeren Kosmos kreisende Meditation:

Montag	–	Mond
Dienstag	–	Mars, der germanische Ziu
Mittwoch	–	Merkur, Wotan, Odin
Donnerstag	–	Jupiter, Thor
Freitag	–	Venus, Freya
Samstag	–	Saturn
Sonntag	–	Sonne

Ein weiteres Beispiel für das Siebengestirn im Alten Testament: Moses wurde auf dem Berge »ein Vorbild der Wohnung und alles seines Gerätes« gezeigt, das heißt, wie er die Bundeslade, die Stiftshütte und alle Kultgegenstände gestalten sollte,

155

darunter auch den Leuchter aus getriebenem Gold; »daran soll
der Schaft mit Röhren, Schalen, Knäufen und Blumen sein« ...
»und sollst sieben Lampen machen obenauf« (2. Mose, 25).
Und nun zum Neuen Testament: die johanneische Überlieferung vermittelt am deutlichsten die alten esoterischen Lehren, und so handelt die ganze Apokalypse von den sieben
Siegeln; sie sind zu verstehen als die sieben Chakras, die gelöst
werden müssen, damit der innere Kosmos zu leben beginnt, damit die geistige Geburt geschehen kann, von der Angelus
Silesius sagt:

»In dir muß Gott geboren werden.
Wird Christus tausendmal in Bethlehem geboren
Und nicht in dir, du bleibest doch ewiglich verloren.«
[53, S. 39]

In der Apokalypse werden dem Johannes von Patmos –
gleich in der ersten Vision – die sieben güldenen Leuchter gezeigt; damit hebt die Offenbarung an, ein Geschehen von solcher Erhabenheit, daß diese Bibelstelle hier zitiert werden soll:
»Ich war im Geist an des Herrn Tag, und hörete hinter mir
eine große Stimme als einer Posaune, die sprach: ›Ich bin das
A und das O, der Erste und der Letzte; und was du siehest,
das schreibe in ein Buch, und sende es zu den Gemeinden...‹
Und ich wandte mich um, zu sehen nach der Stimme, die mit
mir redete. Und als ich mich wandte, sah ich sieben güldene
Leuchter, und mitten unter den sieben Leuchtern einen, der war
eines Menschen Sohn gleich, der war angetan mit einem langen
Gewand, und begürtet um die Brust mit einem güldenen Gür-
tel. Sein Haupt aber und sein Haar war weiß wie weiße Wolle,
wie der Schnee, und seine Augen wie eine Feuerflamme. Und
seine Füße gleichwie Messing, das im Ofen glühet, und seine
Stimme wie groß Wasserrauschen; und hatte sieben Sterne in
seiner rechten Hand; und aus seinem Munde ging ein scharf,
zweischneidig Schwert; und sein Angesicht leuchtete wie die
helle Sonne. Und als ich ihn sah, fiel ich zu seinen Füßen als ein
Toter; und er legte seine rechte Hand auf mich und sprach zu
mir: Fürchte dich nicht! Ich bin der Erste und der Letzte und der
Lebendige. Ich war tot; und siehe, ich bin lebendig von Ewig-

keit zu Ewigkeit, und habe die Schlüssel der Hölle und des Todes. Schreib, was du gesehen hast, und was da ist, und was geschehen soll darnach, das Geheimnis der sieben Sterne, die du gesehen hast in meiner rechten Hand, und die sieben güldenen Leuchter« (Off. Joh. 1, 10–20).

Johannes erlebte diese gewaltige kosmische Vision, er schrieb sie nieder, und Albrecht Dürer stellte sie dar: Gott Zebaoth, den Herrn der Heerscharen, der gesagt hat: »Ich bin der Erste und Ich bin der Letzte, und außer mir ist kein Gott« (Jes. 44, 6) und der die Sieben Sterne an den Himmel gesetzt hat und mit dem Christus Eines ist und der in den Menschen die sieben Lichter entzündet.

CHRISTLICHE MEDITATIONSBILDER

Zwar ist im Abendland manche alte Mysterienweisheit überliefert, jedoch konnten sich durch die ablehnende Haltung der Kirche keine öffentlichen mystischen Schulen entwickeln, wie man sie im Osten – mit jahrtausendealter und ununterbrochener, ehrwürdiger Tradition – kennt. So fragt es sich, ob wir im »eigenen Haus« überhaupt die Möglichkeit haben, die notwendigen Unterweisungen und Anleitungen für den Pfad zu erhalten. Tatsächlich werden heute alte christliche mystische Schriften – oft mit wertvollen Kommentaren – wieder gedruckt, und vieles wird wieder entdeckt, was zur Erneuerung beitragen kann.

Es geht eine große Besinnung durch die christliche Kirche, nicht zuletzt angefacht durch den Ansturm östlicher Weisheit und Lehren; sei es, daß man sich dagegen wehren möchte, oder sei es, daß man bei diesem Weckruf aufhorcht.

In der vorliegenden Arbeit werden eine ganze Reihe Bildwerke christlicher Kunst vorgestellt, jedoch soll im folgenden mit einigen Beispielen noch besonders auf das christliche Andachtsbild hingewiesen werden.

Zunächst eine der bedeutendsten Darstellungen des kosmischen Weltbildes aus der Zeit des Mittelalters: In ihrem *Liber divinorum operum* hat die Heilige Hildegard von Bingen (1098–1179) ihre kosmischen Visionen in Wort und Bild dargestellt (Abb. 35). Hildegard von Bingen zeigt den Menschen vor dem Hintergrund der Sonne, mit ausgebreiteten Armen und offenen, empfangenden Händen. Das ganze Bild ist – wie mit einem Ring – von einem riesigen Kosmos-Menschen umschlossen. Der rotflammende Leib ist der Kreis der Unendlichkeit – ein Shiva im Lichtkreis der Schöpfung aus christlicher Sicht und gekrönt vom Haupt Gott-Vaters.

In einem ähnlichen Bildwerk der Heiligen befindet sich in der Mitte nicht die Sonne mit dem Sonnenmenschen, sondern die Erde mit Fruchtbäumen und arbeitenden Menschen.

Hierzu sei an die Verse aus dem Sonnengesang des Heiligen Franz von Assisi erinnert:

»Gelobet seist du mein Gott
durch unsere Frau Mutter Erde,
Die uns erhält und leitet
Und fördert mancherlei Frucht
Und farbige Blumen und Kraut.«

Und über die Mühsal des Erdenlebens heißt es:

»Sei gelobt, mein Herr, für jene,
die verzeihen aus Liebe zu dir,
Und Elend tragen und Mühsal.
Selig jene, die dulden in Frieden...«

Die beiden Bildwerke der Hildegard von Bingen zeigen einmal das geozentrische und das andere Mal das heliozentrische Weltbild. Mit anderen Worten: Einmal die Adam-Welt, das andere Mal die Christus-Welt.

»Der erste Mensch ist von der Erde und irdisch [Adam]; der andere Mensch ist der Herr vom Himmel [Christus]. Welcherlei der irdische ist, solcherlei sind auch die irdischen; und welcherlei die himmlischen sind, solcherlei sind auch die himmlischen. Und wie wir getragen haben das Bild des irdischen, so werden wir auch tragen das Bild des himmlischen.« (1. Kor. 15, 47–49)

Mit seinem Odem hauchte Gott dem Adam eine lebendige Seele ein. Der Odem Gottes, die Seele, ist auch das Schöpfungswort, Wort ist artikulierter Atem. Der Odem ist also auch der, der das Wort genannt wird, Christus. Gott hauchte dem Adam den Christusfunken ein. Die Seele ist Wesenheit Gottes. Darum sagen die Sufis »Christus ist die Seele des Weltalls«, das heißt der Schöpfung [30]. Und der Moslem betet Christus als den Geist Gottes an; denn im Koran heißt es »Christus ist der Geist Gottes«. Das an dieser Stelle im Koran stehende Wort »Ruh« wird in der deutschen Übersetzung fälschlich mit »Diener« wiedergegeben; es bedeutet aber Geist, Seele. Der entsprechende Begriff bei den Hindus ist Prana, das bedeutet Atem, Lebenskraft, Seele und Geist, bedeutet aber auch Sonne. In den Upanischaden heißt es: »Prana ist die Seele des Weltalls.« [60, S. 39]

Adam wurde versucht und fiel. Jesus wurde in der Wüste versucht und bestand die Prüfung, »da traten die Engel zu ihm und dienten ihm« (Matth. 4, 1–11). Er wurde Christus.

Von der großen Wandlung, zu der alle Menschen aufgerufen sind, spricht der Mystiker Angelus Silesius (1624–1677) mit den Worten:

»In'n Himmel kommst du nicht (laß nur von dem Getümmel), du seist dann selber zuvor ein lebendiger Himmel.« [53, S. 77]

Und Meister Eckhart (1260–1327) sagt in seinem Kapitel »Des Menschen Seele wandert durch die Welt zu Gott« von der großen Wandlung: »Wenn die Seele mit rechter Erkenntnis an Gott rührt, so ist sie ihm gleich gestaltet.«

Meister Eckhart ist einer der christlichen Mystiker, die heute wieder gelesen werden. Graf Dürckheim, dem der Westen so viel Einsicht in die Zen-Meditation verdankt, nennt Meister Eckhart seinen geistigen Meister. Es gibt auch einige romanhafte oder novellistische Darstellungen [1] seines Lebens und seines tragischen Endes als eines um der Lehre willen Verfolgten. Er selber sagt dazu: »Solange der Mensch solcher [mystischer] Wahrheit nicht gleich ist, wird er diese Rede nicht verstehen. Denn es ist eine unbedachte Wahrheit, die ohne Mittel aus Gottes Herzen geflossen ist.«

Doch zurück zur Bilderwelt: Gott ist jenseits der Bilder, er ist »weiselos«, wie Meister Eckhart sagt, aber immer wieder drängt es die Menschen, ihre mystische Erfahrung in Wort und Bild darzustellen, um denjenigen als Wegweiser zu dienen, die den Pfad suchen. In der christlichen Überlieferung gibt es eine Flut von Andachtsbüchern, die den Weg der Seele zu Gott darstellen und deren Illustrationen eine eigene Bildersprache sprechen. Offensichtlich waren seinerzeit die Symbole und Gleichnisse allgemein bekannt [38], und es gibt ein ganzes Alphabet von Bildelementen, die je nach dem technischen Können des Künstlers und je nach seiner inneren Erfahrung in immer neuer Abwandlung wiederkehren.

Da ist der Seelenführer, der eine Fackel oder Laterne trägt, mit der er der Seele auf ihrem Pfade voranleuchtet; da ist die geflügelte Sonne und das geflügelte Herz; da ist aber auch Frau Welt, die die Seele von ihrem Weg abbringen will, und der drohende Knochenmann. Da ist das Auge Gottes, das den ganzen Kosmos sonnenhaft durchstrahlt (Abb. 36). Und da ist immer wieder die Seele, die sehnsüchtig dem Himmel zustrebt, zum göttlichen Überlicht (Abb. 37). Diese Bilder stammen aus der Barock-Mystik [8].

Nicht ohne Erklärung sind Jakob Böhmes mystische Tafeln zu verstehen, obgleich sie viele allgemein bekannte Symbole aufweisen. Die Schönheit und Harmonie dieser Diagramme sprechen auch dann an, wenn man die Einzelheiten nicht zu deuten vermag. Es sind kosmische Visionen, die irdische und himmlische Mysterien darstellen (Abb. 38–40).

Meister Eckhart sagt: »Nun schreite, edle Seele, zieh an deine Schrittschuhe! Die sind Erkenntnis und Liebe. Damit schreite über die Werke deiner Kräfte, über deine Erkenntnisse, über aller Engel Chöre, über alle Himmel und über das Licht, das dich kräftigt, hinaus und spring in das Herze Gottes, in seine Verborgenheit.«

OM MANI PADME HUM

Und wieder wenden wir uns dem Osten zu, wobei mit Goethe gesagt sein soll:

»Wer sich selbst und andre kennt,
Wird auch hier erkennen:
Orient und Okzident
Sind nicht mehr zu trennen.«

Die heiligste Meditationssilbe der Hindus und der Buddhisten ist OM (A-U-M), das Mantra der Mitte und des Zieles. Rabindranath Tagore, der große indische Dichter und Philosoph (1861–1941), dem das Abendland viele Einsichten in östliches Wesen und Wissen verdankt, schreibt – der Überlieferung folgend –, daß OM der vollkommene Laut sei, der »die Ganzheit aller Dinge darstellt, und das symbolische Wort für das Unendliche«. Er sagt: »Alle unsere religiösen Betrachtungen beginnen mit OM und enden mit OM. Es soll den Geist mit der Ahnung der ewigen Vollkommenheit erfüllen und ihn aus der Welt der engen Selbstsucht befreien.« [20]

Auch im Amen der Christen und im Amin der Moslems erklingt das mystische OM. In der Offenbarung des Johannes (3,14) heißt es: „Das sagt, der Amen heißt...« Amen ist also auch ein Gottesname. Es bedeutet, wie wir alle wissen, soviel wie »wahrlich, ja so ist es und so sei es«. Der Amen ist Beginn und Ende, Alpha und Omega. Es ist kein Zufall, daß die beiden Buchstaben A und O (Ω) einem Tor nachgebildet sind, dem Symbol für Geburt und Neuwerden. Und Christus, der A und O, sagt: »Ich bin das Tor«.

Über das OM gibt es in den Upanischaden andächtige Hymnen, die dem Schüler das Wesen des OM als Samenkorn ins Herz legen. Da heißt es: »OM, dieser Laut ist das unvergängliche Brahman (der Schöpfer und Erhalter der Welt), er ist das Weltall.« [60, S. 69]

»OM ist Brahman.
OM ist alles.
Wer sich in OM versenkt,
Der geht in Brahman ein.« [60, S. 77]

»Der Herr ist Eins ohne ein Zweites. Mit seiner göttlichen Macht herrscht er über alle Welten. Er weilt im Menschen und in allen Wesen. Aus sich bringt er das Weltall hervor, erhält es und zieht es wieder in sich zurück. – O Herr, du hast uns offenbart deine heilige Silbe OM, die eins mit dir ist. In deinen Händen ist sie die Waffe, die alle Unwissenheit zerstört. Du, der du uns beschirmst, die wir dich anbeten, verhülle nicht deine huldvolle Gestalt vor uns.« [60, S. 188]

»Wer OM, das Selbst, erkennt, der wird zum Selbst.« [60, S. 72]

»Nicht durch das Studium der heiligen Schriften, durch Scharfsinn nicht, und nicht durch Schriftgelehrtheit ist das Selbst zu erreichen. Nur wer sich nach ihm sehnt, kann es erkennen; ihm wird sein wahres Wesen sich enthüllen. Nur durch Forschen kann es keiner finden, es sei denn, er läßt ab vom Bösen, er meistert seine Sinne und widmet sich, erfüllt von innerem Frieden, der frommen Andacht...« – »Wer aber über OM meditiert mit der vollen Erkenntnis: OM ist eins mit Gott, der wird nach seinem Tod sich mit dem Sonnenlicht vereinen. Er wird befreit vom Übel gleich wie die Schlange sich befreit von ihrer Haut, und er steigt empor zur Wohnstatt Gottes. Dort wird das allerhöchste Wesen er erkennen, das ewig thront im Herzen der Geschöpfe – das allerhöchste Brahman.« [60, S. 24 und 49]

Wer also OM wahrhaft erkennt, »wird nach seinem Tod sich mit dem Sonnenlicht vereinen«. Es kann daher keine sinnfälligere Darstellung des OM geben, als wenn es in der Mitte des Sonnenkreises steht, womit dann die Urform des Mandala gegeben ist (Abb. 41). Lama Anagarika Govinda hat das Mandala, mit dem OM im Herzen, nach alten Bildvorlagen der tibetischen Tradition gezeichnet. Alter Überlieferung zufolge nennt er OM den »Weg der Allheit« und schreibt: Der Laut der Silbe OM »öffnet das innerste Wesen des Menschen den Schwingungen der höheren Wirklichkeit – nicht einer Wirklichkeit, die außerhalb seiner selbst besteht, sondern einer Wirklichkeit, die von je in ihm und um ihn gegenwärtig war, die er jedoch durch selbstische Abgrenzung seiner vermeinten Ichheit willentlich ausgeschlossen hat.« [20, S. 45]

Die Keimsilbe OM steht hier in der Nabe eines achtspeichigen Rades, dem Rad der Lehre, das in Gang gesetzt werden muß als Kreislauf des Lichtes. Die acht Speichen stellen den achtteiligen Buddhaweg dar, er ist gekennzeichnet durch: »Rechte Erkenntnis

(Glauben), rechte Gesinnung, rechte Rede, rechtes Handeln, rechtes Wandeln, rechtes Mühen, rechte Einsicht, rechte Einigung.« [11, S. 208]

Das Rad mit Speichen und Nabe ist außerdem Symbol des Tao, und so treffen auf das Rad des OM auch altchinesische Texte zu. Lao-tse sagte:

»Es treffen dreißig Speichen sich in einer Nabe.
Die Nabe ist ein Nichts [das Nichts, das Alles ist]
[d. h. unbeweglich inmitten der rotierenden Speichen],
Das Rad jedoch dreht sich allein auf ihren Antrieb hin.«
[40, S. 48]

Die Zahl dreißig hat astronomische und vielschichtige symbolische Bedeutung; sie steht in Beziehung zum Mond und auch zur Wirbelsäule (siehe das Kapitel »Die Achse der Welt«).

»Beide, Nabe und Speichen, die unbewegliche Mitte und die rotierenden Speichen, Nicht-Sein und Sein, bilden das dynamische Ganze des Rades, und seine Funktion beruht auf der unbeweglichen Mitte.« [40, S. 50] Darum sagt Lao-tse: »Das Beste, man wahrt die Mitte«, und in der buddhistischen Überlieferung heißt es: »Wisse, daß die rechte Betrachtung der Mitte das Buddha-Auge ist, das All-Wissen.«

Inmitten des Wirbelsturmes herrscht absolute Stille. In dieser Mitte wurzelt man von Anbeginn her, darum sagt der Meister Lü: »Wenn das Kind der Wahrheit [der Wahrheitssucher] die Stille betritt, so bemüht er sich, Körper und Seele zu ausgeglichener Ruhe und Frieden zu bringen, sich aus allen Verstrickungen zu lösen und dabei nicht eine einzige Fessel ungesprengt zu lassen, so daß der Himmelsgeist genau in der Mitte Wohnung nimmt. Danach senkt der Suchende die Augenlider wie einen Vorhang, um die Befehle des Meisters zu empfangen und sich berufen zu lassen. Wer wagte da, nicht zu gehorchen?«
[40, S. 143]

Aus der Keimsilbe OM erwächst das Große Mantra: Om mani padme hum. Es bedeutet in der Übersetzung: »O du, Kleinod im Lotos.« Die Lotosblüte ist ein Symbol für die Chakras, die in der Meditation wie Blumen aufblühen, in ihrem Innern der Same, der auf seine Reifezeit wartet.

MANDALA

Die Seele umkreist das göttliche Selbst, weil sie sich danach sehnt, in dieses geheime Zentrum des Seins heimzukehren. Das Kreisen um die Mitte und das spiralförmige Wandern zum Zentrum ist archetypisch und findet sich in den Kulturen der Menschheit in den verschiedensten Gestaltungen. Es hat seine Entsprechung im Sonnenrad, im Rad der Lehre, im kreisenden Kosmos und im Atom, denn auch für diese gilt das Mittelpunktsprinzip. Das typische Symbol in der religiösen Kunst ist hierfür das Mandala, was im Sanskrit »Kreis« bedeutet.

Ein indischer Schöpfungsmythos erzählt, wie Brahman mitten in einem riesigen tausendblättrigen goldenen Lotos steht und seinen Blick in die vier Richtungen des Raumes sendet; so schuf und ordnete er den Kosmos, so entsandte er die vier Paradiesströme aus dem Zentrum der Kraft und öffnete die vier Tore des Himmlischen Palastes, durch die die Welt und die Seele wieder heimkehren können.

Heimkehr in den viertorigen Palast des »Königs«, das symbolisiert den Evolutionsweg des Menschen, dargestellt im Mandala, dem Tempel der Wandlung, in dessen Vorhöfen meditativ die Kräfte des oberen Menschen geweckt werden.

Das mystische Diagramm des Mandala, die graphische und symbolische Darstellung eines Weltsystems, dient vor allem im indischen und tibetischen Raum als Meditationshilfe. Da gibt es unzählige, mit unerschöpflicher religiöser Phantasie und im allgemeinen großer Symboltreue gestaltete Mandalas. In der Praxis der Mandala-Meditation wird im Osten von den geistigen Lehrern einiger Schulen die Gestaltung eines individuellen Mandalas angeregt, das der Persönlichkeit und Aufgabe des Schülers entspricht.

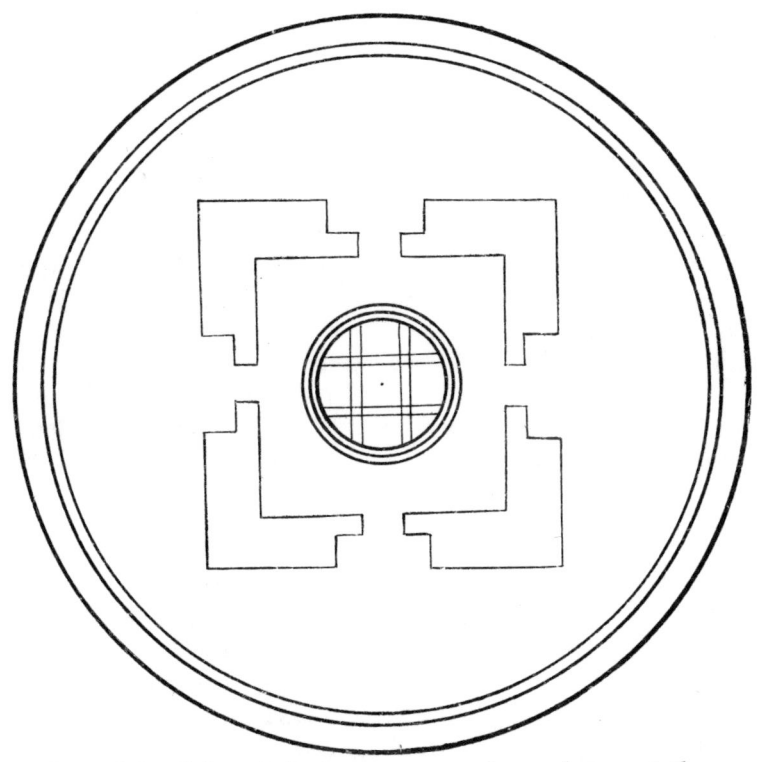

Diese Mandalas sind etwas ganz anderes als jene teils ver-
spielten, teils konstruierten und allzu subjektiven Gebilde, die
heute so häufig im Westen gemacht und – oft mit tiefsinnigen
Titeln – als Meditationsvorlagen angeboten werden. Wer diesen Anpreisungen folgt, wird sich vielleicht mit der mehr oder
minder erfreulichen Gemütsverfassung dessen vereinigen, der
das Mandala gezeichnet hat – ob das aber für seine innere Entwicklung von Nutzen ist, erscheint recht fraglich.

Über die Gestaltung des Mandala schreibt Lama Anagarika
Govinda: »Es hängt vom Meditierenden [und seinem Lehrer]
ab, welches Symbol er in den Mittelpunkt seiner Betrachtung
stellen will, und von dieser Wahl hängt die Position aller übrigen
Symbole ab. Der Körper selbst wird in der Meditation zum
Mandala, und in ihm sind unzählige kleinere Mandalas – denn
jedes Zentrum stellt ein solches dar. Die den Körper umge-
bende Außenwelt aber wird zu einem allumfassenden Man-

dala, dessen Kreise, wie die eines in Wasser geworfenen Steines, ins Grenzenlose weiterschwingen.« [20, S. 213]

Zusammenfassend läßt sich sagen, daß theoretisch jedes Chakra zum Mittelpunkt eines Mandala gewählt werden kann, darüber hinaus gilt: jeder Punkt der Schöpfung ist zugleich absolut ruhende Mitte, aus der Schöpfung entspringt und um die sie kreist. Jeder beliebige Punkt kann daher zum Mittelpunkt der Betrachtung werden; aber nur, wenn dieser geheiligt wird.»Wo immer du gehst, dort ist deine Heimat«, sagt Meister Lü. [40, S. 142]

Lama Anagarika Govinda bezeichnete das Mandala als eine »Landkarte der Innenwelt«; ihr Mittelpunkt ist das Selbst des Betrachters – jedoch das noch nicht erreichte, das durch Meditation ins Bewußtsein heraufgehoben und verwirklicht werden soll.

Das Mandala ist die Wohnung der Seele, in der sie aber, wie im Märchen, die inneren Kammern nicht ohne entsprechende Vorbereitung und Prüfungen betreten kann und darf. Der Körper, ja der ganze Mensch, wird als himmlischer Palast verstanden oder als eine befestigte Stadt oder auch als eine Burg, wie bei der Teresa von Avila. [57] Ebenso wird der Himmlische Geist als Palast gesehen, dessen Herr das Licht ist. Das Mandala ist also Abbild des Weges und des Zieles, dem der Wahrheitssucher dient. In einem buddhistischen Text heißt es:

»Unerschütterliche Angleichung an das Mandala,
das die Sphäre der Elemente läutert,
hat nichts von Irrtum zu befürchten,
in dem treuen Festhalten
am innersten Kern liegt ihre Stärke.« [13, S. 279]

Die Angleichung an das Mandala entspricht dem, was in der christlichen Welt als Nachfolge bezeichnet wird. Im scheinbar statisch gefestigten Mandala ist jene Kraft und Bewegung aktiv, die die große Wandlung anregt, deshalb ist das Mandala eine dynamische Bildgestalt, nicht anders, als dies von den drei Bildzeichen des Tao – Yin und Yang, Hexagramm des I Ging und Kreuz – ausgesagt werden konnte: Es ist dynamische Statik. Wenn das Mandala ein symbolisches Diagramm für den

Kosmos ist, kann man es auch in Beziehung zum Kosmos-Menschen setzen, denn es heißt (siehe das Kapitel über den Kosmos-Menschen): »Das Universum hat die Gestalt eines kolossalen Menschenwesens.« [67, S. 237] Dieselbe Entsprechung gilt für andere symbolische Darstellungen des Kosmos: die Sonnenräder, der mexikanische Kalenderstein, der tanzende Shiva, das Symbol des Yin und Yang.

Im christlichen Kulturraum findet man, neben dem kreisförmigen Mandala, häufig die Mandorla, den mandelförmigen Heiligenschein, wie wir ihn auch beim »wiedergeborenen Adam«, dem Zervan Akarana, gesehen haben. Die Mandorla umgibt meistens die ganze Gestalt und ist bei uns fast ausschließlich Christus und Maria vorbehalten. Während im östlichen Mandala rings um das heilige Zentrum Meditationsgötter oder deren Symbole angeordnet werden, findet man bei der Christus-Mandorla häufig ringsum die vier Evangelisten, eine Darstellung, deren Vorbild im Alten Testament in der Vision des Propheten Hesekiel gegeben ist. So wird auch Christus als der Kosmos-Mensch gesehen.

Schließlich finden wir im Christentum eine Entsprechung für das Mandala im Himmlischen Jerusalem, der kosmischen Stadt, Inbild der Allheit. Es wird davon noch ausführlicher zu sprechen sein. Das Himmlische Jerusalem ist gleichsam eine architektonische Stilisierung und symbolische Darstellung des Kosmos und des Kosmos-Menschen.

In der modernen Psychologie hat C. G. Jung darauf hingewiesen, daß der über den ganzen Osten, über das christliche Abendland, ja die ganze Erde verbreitete magische Kreis des Mandala ein archetypisches Symbol ist, zu dem jede Seele findet, die sich in der Binnenschau – und sei es auch nur im Traum – auf sich selbst besinnt. Im Kreissymbol findet sie sowohl ihren Ausdruck als auch Schutz. Dieser geheimnisvolle Mandala-Kreis ist der »heilige Bezirk der innersten Persönlichkeit«, in dem »alles Peripherische dem Befehl des Zentralen unterstellt ist«. [21, S. 27] In der Heiligung dieses Zentralen erfährt der Mensch innere und äußere Genesung. Mancher braucht dazu den Umweg über die moderne Psychologie, um schließlich zu den uralten Weisheiten zu finden.

Eigenartig vorgebildet ist das Mandala auch im menschlichen Auge. Das »Sonnenhafte« seiner Anlage ermöglicht es dem Auge, das Licht zu schauen, die Trübungen des Auges und des Schicksals verdunkeln das Licht (Abb. 42). Die Iris mit ihren narbenartigen Veränderungen könnte man als das Mandala des erlittenen Schicksals bezeichnen und eine Entsprechung für das Mandala der Seele, die ihr Wunsch-Kleinod sucht und sich nach Vollkommenheit sehnt. So ist das Auge Ausdruck für die Sonnenhaftigkeit des Menschen und zugleich Ausdruck für die noch mangelnde Erfüllung seiner Sonnenhaftigkeit.

»Wär' nicht das Auge sonnenhaft,
Die Sonne könnt' es nicht erblicken;
Läg nicht in uns des Gottes eigne Kraft,
Wie könnt' uns Göttliches entzücken?« (Goethe)

Je geheiligter der innerste Bezirk, desto reiner die Entwicklung. Hierzu heißt es in den Upanischaden: »Wie des Menschen Wünsche sind, so gestaltet sich sein Schicksal. Denn was er wünscht, das will er, und was er will, das tut er; und wie sein Tun beschaffen ist, gut oder schlecht, so auch sein Lohn.« [60, S. 172]
Der Mittelpunkt des Mandala, das man sich wählt und gestaltet, ist also das Wunsch-Kleinod des Herzens. Mit anderen Worten, es ist das Gottesideal, das man so sieht und sucht, wie es der jeweiligen Erkenntnisstufe entspricht. »Wo euer Schatz ist, da ist auch euer Herz« (Matth. 6, 21).

DIE HIMMLISCHE STADT

Es wurde gezeigt, wie – neben vielen anderen Symbolen -- Kosmos, Sonne und Mensch durch die beiden Grundfiguren des Kreises und des Kreuzes dargestellt werden. In der Weltkugel mit dem darauf stehenden Kreuz – dem Reichsapfel – ist das Miteinander von Kreis und Kreuz Symbol für die höchste Herrscherwürde, die auf dem Wissen um den von Gott geweihten Weltenkönig beruht.
Das gleichschenklige Radkreuz fügt sich dem Kreis ein, je-

doch das christliche Kreuz ragt durch die verlängerte Mittel-achse darüber hinaus – nach dem Wort, daß die Liebe größer ist als das Gesetz, mächtiger als das Rad der Wiederkehr. Die Liebe führt den Menschen zum Thron der Gnade, wo er Er-lösung findet. Allerdings sind auch die anderen großen Reli-gionen Erlösungsreligionen, denn die Verheißung der Erlö-sung gehört zum Wesen der Religion. Das wurde zum Beispiel an dem Teppich des Himmelssohnes (Abb. 4) gezeigt, auf dem das gleichschenklige Kreuz durch die dreifache Lichtkrone überhöht wird.

Kreuz und Kreis bestimmen den Grundriß von Tempel und Kirche – und dies keineswegs nur in der christlichen Kultur. Der Kreis ist Symbol der vollkommenen, himmlischen Gestalt, die sich in der irdischen Manifestierung zum Viereck oder auch Vieleck verfestigt. So symbolisiert der Kreis den Himmel und das Quadrat die Erde; und wo sich diese beiden in der archi-tektonischen Konstruktion miteinander verbinden, ist die Ver-einigung von Himmel und Erde dargestellt und das gemeint, was im Kult immer wieder gelingen soll: Die im Netz der Erde gefangene Seele wird frei, um sich mit ihrer himmlischen Hei-mat zu »religieren«.

Wo dieses Ereignis stattfindet, dort ist die Himmlische Stadt – sei es nun in einer Moschee, in einem Dom, einem Hindu-Tem-pel oder einer Synagoge, oder aber – den physischen Augen noch nicht sichtbar – im Himmlischen Jerusalem der Juden, Christen und Moslems.

Im Sohar, dem »Buch des Glanzes« der jüdischen Überlie-ferung, heißt es: »Wollt ihr wissen, wie sich die Seele mit Gott vereinigt? Im erhabensten Teil des Himmels steht der Palast der Liebe, dort sind die tiefsten Mysterien; dort sind alle Seelen, die vom himmlischen König geliebt werden; dort wohnt Er selbst, der Heilige, gepriesen sei sein Name, vereint mit allen Seelen, die in Ihm heilig geworden ...« – das ist die Vision des Neuen Jerusalem.

Die Himmlische Stadt ist die Stadt mit dem »rechten Maß«, nach deren Vorbild alle Kultbauten sich auszurichten trachten; sie hat die kosmischen Maße der göttlichen Geometrie. Der Kultbau spiegelt – wie schon erläutert wurde – astronomisches Wissen und stellt es dar.

Zu einer Miniatur des Himmlischen Jerusalem aus dem 10. Jahrhundert (Abb. 43) schreibt Titus Burckhardt: »Das Innere der Stadt ist wie von oben gesehen, mit nach außen umgelegter Mauer. In der Mitte das Lamm Gottes, der heilige Johannes mit dem Buche und der Engel mit dem Stabe, die Stadt messend. Unter den zwölf Toren die Apostel und über ihnen die Perlen, mit welchen die Heilige Schrift die Tore vergleicht. Das ganze Bild der Stadt ist aus dem schachbrettähnlichen Grunde von 12 x 12 Feldern entwickelt, das selbst die Sonnenzahl 144, das vom Engel gemessene Maß der Mauer, ergibt.« [12, S. 21]

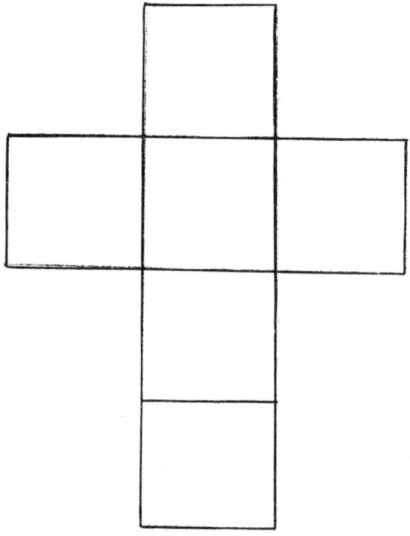

Die nach außen umgelegte Mauer der quadratischen Himmlischen Stadt bildet ein gleichschenkliges Kreuz. Nimmt man einen Würfel und schlägt ihn auf, so entsteht das Kreuz mit dem verlängerten senkrechten Balken. Das ist eines der Symbolgeheimnisse der Kaaba (das heißt Würfel), des Heiligtums der Moslems in Mekka: denn der Moslem glaubt, daß am Ende der Tage Christus auf dem Dache der Kaaba erscheinen wird, ein Symbol, das nun zu verstehen ist.

Auch das sogenannte Grab des Zarathustra in der Gegend von Persepolis (Schiras) hat die Form eines etwas turmartig gestreckten Würfels. Aus demselben geographischen und geistigen Raum stammt Abraham, von dem es heißt, er habe als erster die Kaaba erbaut, deren Urbild im Paradiese steht. Die Fensterrose der Kathedrale von Chartres (Abb. 44) stellt das Himmlische Jerusalem als Kreis dar. Insbesondere aber wurden die Kuppeln der christlichen Kirchen als Himmlisches Jerusalem gestaltet. Wölbung ist sehnsüchtiges Aufwärtsstreben. So erhebt sich die Seele, um ihre irdische Gestalt wieder mit der Uridee im Göttlichen zu vereinen.

Und weitere Beispiele: Im Dom von Aachen (Abb. 45) sind in der Kuppel Kreis und Achteck vereint, sie stellen den Kosmos dar und die wirkenden Kräfte, Christus, die Apostel, die Gemeinschaft der Heiligen. – Im Baptisterium der orthodoxen Kirche zu Ravenna steht im Zentrum der Himmlischen Stadt die Taufe Christi (Abb. 46). Die Taufe mit dem Heiligen Geist bedeutet den Einzug in seine Stadt.

In einem mittelalterlichen Hymnus, der beim Einzug in die neu erbaute Kirche angestimmt wurde, heißt es:

»Glückselige Stadt Jerusalem, Schau des Friedens genannt,
In den Himmeln aus lebendigen Steinen aufgebaut,
Geschmückt mit Engeln, gleich einer edlen Braut.
Wieder kommst du herab vom Himmel,
Zum bräutlichen Bunde mit dem Herrn bereitet.
Deine Mauern und Zinnen sind von lautrem Gold.
Offen stehen deine Pforten, leuchtend von Perlen
Und vom Glanz der Tugenden; sie gewähren Einlaß allen,
Die um Christi Namen willen in der Welt Bedrückung
litten.« [12, S. 50]

Als letztes Bild nun das Christus-Monogramm, ein Mosaik im Baptisterium von Albenga (Italien) (Abb. 47). Es stammt aus der zweiten Hälfte des fünften Jahrhunderts. Was Hildegard von Bingen mit ihrem Kosmos-Menschen zum Ausdruck brachte, was die Kuppeln und Fensterrosen der Kirchen künden, ist hier in strenger Stilisierung ausgesagt: In einem dreifachen Kreis kosmischen Lichtes steht Alpha und Omega, Christus, und steht sein Wort PAX, Frieden. Die vollkommene Zahl X ist ein Symbol für den kosmischen Christus. Angelus

Silesius sagt über die »geheime Kronenzahl«: »Zehn ist die Kronenzahl, sie wird aus eins und nichts: / Wenn Gott und Kreatur zusammen komm'n, geschicht's.« [53, S. 75] Kreuz und Kreis vereinigen sich hier zum Monogramm, bilden die Hostie. Das ist das Siegel, mit dem jeder Mensch versiegelt ist bis zu dem Tag, an dem sein Herz sich wahrhaft öffnet.

Das Monogramm ist mit einem kleinen weißen Kreis gekrönt, darin befindet sich das Lichtkreuz mit der bedeutsam gezeichneten Mitte, Stätte der mystischen Rose.

In den vier Himmelsrichtungen oder Weltgegenden der achtstrahlige Stern, der als Siegel Gottes bezeichnet wird. Zwölf Tauben umgeben das Monogramm, und man denkt dabei zunächst – sicher zu Recht – an die zwölf Jünger; die Taube ist Sinnbild der Taufe und Erleuchtung, und an Pfingsten wurden die Jünger mit dem Heiligen Geist getauft, wodurch sie selber Botschafter wurden, die nun den Menschen die Lehre vom Kosmischen Christus nicht nur mit Worten brachten, nicht nur durch Verkündigung, sondern durch Verwirklichung.

Aber die Symbolik ist noch vielschichtiger; denn mit der Zwölfzahl ist auch das zwölftorige Jerusalem gemeint, die Stadt der Gemeinschaft der Heiligen, das Ziel aller Geburt. Vor allem in der Offenbarung des Johannes ist die Identität des Himmlischen Jerusalem mit Christus dargestellt. Es – Er ist Weg und Ziel. Hier ist der Kosmos mit seinem absoluten Mittelpunkt – Christus – dargestellt. Es ist der wieder ins Licht verwandelte, erlöste Kosmos – und ist zugleich das ewige Jetzt und Hier der Gottesgegenwart.

In der mythischen Stadt Theben sind es die sieben Planetentore, die nach innen führen; im tantrischen Mandala sind es die vier Tore des Himmlischen Palastes, die vier Weltgegenden; im alten Mexiko die vier Weltzeitalter mit ihren Göttern (Abb. 7); im Christentum der von den vier Aposteln umgebene Christus. All diese Kultbilder stellen – jedes auf seine Weise – die Himmlische Stadt dar und wollen die Seele in ihre Heimat zurückführen.

Vier oder sieben oder zwölf Tore, das sind auch verschiedene astronomisch-astrologische Aspekte. Mit den Zwölfen sind die von den Tierkreiszeichen abgeleiteten Stufen und Stationen der Meditation gemeint. Auch die Einteilung des Jahres in zwölf Monate spiegelt kosmische Gegebenheiten. Der Weg durch das Jahr ist ein zyklischer Meditationsweg, den die christliche Kirche heute noch im Aufbau ihrer Feiertage bewahrt hat. Es wurde auch gezeigt, daß der Weg durch die Woche als Meditationsweg zu verstehen ist, ebenso jeder einzelne Tag mit den vom Sonnenaufgang und Sonnenuntergang bestimmten Stundengebeten, in der katholischen und ostkirchlichen Liturgie Horen genannt. Von Millionen Moslems werden die Tageszeitgebete auch heute noch eingehalten.

Alles, was lebt, wendet sich dem Licht zu, das aus dem Kosmos empfangen wird. Ob das ein Baum oder eine Blume, ein Tier oder ein Mensch ist – alles strebt dorthin, wo es Leben empfängt. Diese Hinwendung, dieses Sich-Öffnen ist Meditation. Bewußt oder unbewußt meditiert die ganze Schöpfung, die ganze Menschheit, sie wendet sich ihrer Licht- und Lebensmitte zu.

Wenn die Seele beginnt zu leben, zeigt sie ihr Wesen: Es ist Seligkeit. Und wenn der Geist erwacht, zeigt auch er sein Wesen: Es ist Einklang.

Die Menschheit meditiert den Kosmos – jedoch meditiert auch der Kosmos den Menschen und durchdringt ihn mit seinem Gesetz. In vielen Überlieferungen wird vom »tiefen Nachdenken« der Götter und hohen Eingeweihten gesprochen, von der schöpferischen Kraft ihrer Meditation. Ihre guten Gedanken sind zeugende Impulse.

In den Upanischaden [60, S. 39] heißt es auf die Frage: »Ehrwürdiger, wie kamen die Geschöpfe ins Dasein?« – »Der Herr aller Geschöpfe – erwiderte der Weise – dachte tief nach und erzeugte Prana, die Urkraft, und Rayi, die allgestaltende Materie, mit dem Wunsche, diese beiden sollten ihm in mannigfacher Weise Geschöpfe hervorbringen. Prana, die Urkraft, ist die Sonne; Rayi, die gestaltende Materie, ist der Mond ... Prana ist des Weltalls Seele.«

ANHANG

LITERATURVERZEICHNIS

1. Albrecht, Erika: *Im Ewigen Jetzt*. Erfahrung lebendiger Eckhart-Mystik. Aurum Verlag, Freiburg 1975.
2. Al Ghazali: *Das Elixier der Glückseligkeit*. E. Diederichs Verlag, Düsseldorf 1959.
3. Asmussen, Hans und Sartory, Thomas: *Gespräch zwischen den Konfessionen*. Fischer Verlag, Frankfurt 1959.
4. *Avesta* des Zarathustra, Die heiligen Bücher der Parsen. Verlag K. J. Trübner, Straßburg 1910.
5. *Bhagavad Gita*, Übersetzung F. Hartmann. Schatzkammer Verlag, Calw.
6. Benz, Ernst: *Adam*. O.W. Barth Verlag, München 1955.
7. Benz, Ernst: *Die Vision*. Erfahrungsformen und Bilderwelt. E. Klett Verlag, Stuttgart 1969.
8. Benz, Ernst: »Symbole der Unio Mystica in der Barock-Mystik«, in: *Symbolon*, Neue Folge, Band 1., S. 11, Wienand Verlag, Köln 1972.
9. Bohm, Werner: *Chakras*. O.W. Barth Verlag, Weilheim 1966.
10. Böhme, Jakob: *Christosophia*. Ein christlicher Einweihungsweg, herausgegeben und erläutert von Gerhard Wehr. Aurum Verlag, Freiburg 1975.
11. *Buddho*. Reden des Gotamo B., Übersetzung K. E. Neumann. Artemis Verlag, Zürich 1962.
12. Burckhardt, Titus: *Chartres*. Urs Graf Verlag, Freiburg 1962.
13. Conze, Edward: *Im Zeichen Buddhas*. Deutsche Buchgemeinschaft, Darmstadt 1960.
14. Cordan, Wolfgang: *Das Buch des Rates*. Mythos und Geschichte der Maya. E. Diederichs Verlag, Düsseldorf 1962.
15. Cusanus, Nicolaus: *Das Werk des N. C.* Herausgeber Mohr-Eckert. Wienand-Verlag, Köln 1975.
16. *Dhammapadam*. Der Wahrheitspfad, übertragen von K. E. Neumann. R. Piper u. Co Verlag, München 1949.
17. Eckehart, Meister: *Deutsche Predigten und Traktate*. Hanser Verlag, München 1977.
18. Gebser, Jean: *Abendländische Wandlung*. Ullstein Verlag, Berlin 1960.
19. *Gedichte*. Die schönsten G. der Weltliteratur (Einiger). Phaidon Verlag, Wien 1933.
20. Govinda, Lama Anagarika: *Grundlagen tibetischer Mystik*. Rascher Verlag, Zürich 1956.
21. *Goldene Blüte*. Das Geheimnis der G.B., Übersetzung und Erläuterung Richard Wilhelm. Rascher Verlag, Zürich 1929.
22. Heisenberg, Werner: *Der Teil und das Ganze*. Verlag Piper, München 1972.
23. Heisenberg, Werner: »Naturwissenschaftliche und religiöse Wahrheit«, in: *Physikalische Blätter*. August 1973, Heft 8.
24. Helfritz, Hans: *Die Götterburgen Mexikos*. DuMont Schauberg, Köln 1968.
25. Hentze, Carl: *Das Haus als Weltort der Seele*. E. Klett Verlag, Stuttgart 1961.
26. Herrigel, Eugen: *Die Kunst des Bogenschießens*. O.W. Barth Verlag, Weilheim 1960.
27. Idries Shah: *Die Sufis*. E. Diederichs Verlag, Düsseldorf 1976.
28. *I Ging*. Das Buch der Wandlungen. Aus dem Chinesischen verdeutscht und erläutert von Richard Wilhelm. E. Diederichs Verlag, Düsseldorf 1960.
29. Inayat Khan, Pir-o-Murshid Hazrat I.: *The Sufi Message*. Barrie and Jankins, London 1972.
30. Inayat Khan: *Gayan – Vadan – Nirtan*. Kommissionsverlag J. Bollmann A. G., Zürich 1950.
31. Jeans, James: *Der Weltraum und seine Rätsel*. Deutsche Verlagsanstalt, Stuttgart 1931.
32. Jung, C. G.: *Bewußtes und Unbewußtes*. Fischer Verlag, Frankfurt 1957.

33. Kahir, M.: *Das verlorene Wort*. Turm Verlag, Bietigheim 1960.
34. Kayser, Hans: *Bevor die Engel sangen*. B. Schwabe Verlag, Basel 1953.
35. Kayser, Hans: *Akróasis*. Schwabe u. Co Verlag, Basel 1964.
36. Krishna, Gopi und C. F. v. Weizsäcker: *Biologische Basis religiöser Erfahrung*. O.W. Barth Verlag, Weilheim 1971.
37. Lao-tse: *Tao-tê-king*. Reclam, Stuttgart 1961.
38. Lipfert, Klementine: *Symbol-Fibel*. Verlag J. Stauda, Kassel 1961.
39. Marc Aurel: *Selbstbetrachtungen*. Goldmann Verlag, Berlin 1961.
40. Mokusen Miyuki: *Kreisen des Licites*. O.W. Barth Verlag, Weilheim 1972.
41. *Persische Spruchgedichte*. Auswahl und Fassung von Ernst Bertram. Insel Verlag, Wiesbaden 1951.
42. Quispel, Gilles: *Gnosis als Weltreligion*. Origo Verlag, Zürich 1972.
43. Richter, Gottfried: *Chartres*. Urachhaus, Stuttgart 1958.
44. *Rig-Veda*. O.W. Barth Verlag, München 1955.
45. Rousselle, Erwin: »Seelische Führung im Taoismus«, in: *Eranos-Jahrbuch* 1933. Rhein Verlag, Zürich 1933.
46. Schaya, Leo: *Ursprung und Ziel des Menschen im Licht der Kabbala*. O.W. Barth Verlag, Weilheim 1972.
47. Schöfer, Wolfgang von: *Was geht uns Noah an*. Aus dem Unbewußten der Sprache. E. Reinhardt Verlag, München 1968.
48. Scholtz, Múrshida R. F. von: *Einheit im Geiste*, Band I und II. Verlag Otto Reichl, Remagen 1975.
49. Schönberger, Martin: *Verborgener Schlüssel zum Leben*. Weltformel I Ging im Genetischen Code. O.W. Barth Verlag, Weilheim 1973.
50. *Schönsten Gebete*. Die sch. G. der Welt. Süd-West Verlag, München 1964.
51. Schütze, Alfred: *Mithras*. Urachhaus, Stuttgart 1972.
52. Schwabe, Julius: *Archetyp und Tierkreis*. B. Schwabe Verlag, Basel 1951.
53. Silesius, Angelus: *Der Cherubimische Wandersmann*. W. Classen Verlag, Zürich 1946.
54. Singh, Mohan: *Mystik und Yoga der Sikh-Meister*. Origo Verlag, Zürich 1967.
55. Strauß, H. A.: *Psychologie der astrologischen Symbolik*. Rascher Verlag, Zürich 1968.
56. Strauß-Kloebe, Sigrid: *Kosmische Bedingtheit der Psyche*. O.W. Barth Verlag, Weilheim 1968.
57. Teresa von Avila: *Die innere Burg*, Übersetzung Fritz Vogelgsang. Goverts Verlag, Stuttgart 1966.
58. *Testament*, Das Neue und das Alte T., in der Übertragung Martin Luthers.
59. Underhill, Evelyn: *Mystik*. Turm Verlag, Bietigheim, Ausgabe 1928.
60. *Upanischaden*, Die schönsten U. Rascher Verlag, Zürich 1951.
61. Wedemeyer, Inge von: *Sonnengott und Sonnenmenschen*. Kunst und Kultur, Mythos und Magie im alten Peru. Wasmuth Verlag, Tübingen 1970.
62. Wehr, Gerhard: *Esoterisches Christentum*. E. Klett Verlag, Stuttgart 1975.
63. *Weisheit der Welt*, Bd. 4. Haude u. Spener Verlag, Berlin 1966.
   Weizsäcker, C. F. von, siehe Krishna, Gopi.
64. Wenzl, Aloys: *Die philosophischen Grenzfragen der modernen Naturwissenschaft*. Kohlhammer Verlag, Stuttgart 1954.
65. Wolff-Windegg, Philip: *Die Gekrönten*. Sinn und Sinnbilder des Königtums. E. Klett Verlag, Stuttgart 1958.
66. Zehren, Erich: *Das Testament der Sterne*. Verlag Herbig, München 1957.
67. Zimmer, Heinrich: *Philosophie und Religion Indiens*. Rhein Verlag, Zürich 1961.

VERZEICHNIS DER ZEICHNUNGEN IM TEXT

Die Zeichnungen stammen, wenn nicht anders vermerkt, von Ursula Papperitz.

VERZEICHNIS DER ABBILDUNGEN IM BILDTEIL

Abb. 22 Allegorische Darstellung des Universums in Gestalt eines Monochords. Robert Fludd, 16. Jh., England.

Abb. 23 Der in Sphären aufgeschlüsselte Kosmos-Mensch mit der Lichtkrone. Aus Robert Fludds Werk von der Musik der Seele. 16. Jh., England.

Abb. 24 Der Kletterer am Weltenbaum als Initiale I, aus einem Reichenauer Lektionar des 10. Jh. (Herzog August Bibliothek, Wolfenbüttel, Cod. Guelf. 84.5 Aug. 2°, fol. 41 r.)

Abb. 25 Das System der Chakras nach einer aus dem tantrischen Buddhismus überlieferten Darstellung. (Aus: José und Miriam Argüelles: *Das Große Mandala Buch*, Aurum Verlag, Freiburg)

Abb. 26 Stilisierte Darstellung des Menschen aus der Volkskunst in Neu-Guinea, sogenannte Haken. (Rautenstrauch Joest Museum, Köln)

Abb. 27 Der kosmische Mensch mit den inneren Kräften und Pulsen nach Vorstellung der altchinesischen Wissenschaft. Steinplatte aus dem 19. Jh. im Kloster der Weißen Wolke bei Peking. [45]

Abb. 28 Dasselbe Thema wie in Abb. 27, jedoch stilisierter und von Aureole und Mandorla umgeben. Farbiges Rollbild aus China. [45]

Abb. 29 Mithras, der Sonnengott der Zarathustrischen Religion, als Kosmos-Mensch in einer Mandorla aus Tierkreiszeichen. Relief aus weißem Marmor, Modena, Italien.

Abb. 30 Dea Syria, die Jungfrau-Mutter-Göttin, der weibliche Aspekt des Kosmos-Menschen. Letztes vorchristl. Jh. (Zeichnung U. P.)

Abb. 31 Artemis von Ephesos. Kultbild aus vorchristlicher Zeit.

Abb. 32 Die Chymische Hochzeit, der geeinte Mensch. Aus einer Handschrift des Michael Cochem (Ms 428) 1530. (Vadianische Bibliothek, St. Gallen)

Abb. 33 Der Herr erschafft und regiert den Kosmos. Mosaik aus dem Dom von Monreale bei Palermo (Italien). 12. Jh.

Abb. 34 Der Planeten-Mensch, aus der »Theosophia practica« Gichtels (18. Jh.), nach dem Vorbild Jakob Böhmes.

Abb. 35 Der Kosmos-Mensch aus dem »Liber divinorum operum« der Heiligen Hildegard von Bingen. 12. Jh. (Biblioteca Governativa di Lucca)

Abb. 36 Das Sonnenauge Gottes. »Nusquam tenebrae – Nirgends ist Finsternis«. Aus der christlichen Emblematik.

Abb. 37 »Bericht wie des Menschen geschaffener Geist durch Gottes ungeschaffenen ewigen Geist vom leib zu der beschauung Göttlicher Herrlichkeit aus liebe über sich erhaben wirdt.« Aus der christlichen Barockmystik.

Abb. 38 »Psychologia Vera oder Vierzig Fragen von der Seelen« (1620). Aus der ersten Böhme-Gesamtausgabe von 1682.

Abb. 39 »Von der wahren Gelassenheit« (1622). Sogenannte »Figur«, entnommen der ersten Böhme-Gesamtausgabe von 1682.

Abb. 40 »Mysterium Pansophicum oder Gründlicher Bericht von dem Irdischen und Himmlischen Mysterio« (1620). Ebenfalls der ersten Böhme-Gesamtausgabe entnommen.

Abb. 41 OM, die heilige Kultsilbe inmitten des achtspeichigen Rades der Lehre des Buddha. Zeichnung von Lama Anagarika Govinda nach alttibetanischen Vorlagen [20]

Abb. 42 Die Iris eines menschlichen Auges. (Foto: G. W. Jung, Redaktion der Zeitschrift »Die andere Medizin«, Braunfels)

Abb. 43 Das Himmlische Jerusalem nach der Miniatur einer spanischen Handschrift aus dem 10. Jh. [12].

Abb. 44 Fensterrose, stilisierte Darstellung des Himmlischen Jerusalem. Dom von Chartres, 13. Jh. [12].

Abb. 45 Achteck und Kreis vereinigen sich zur Darstellung des Himmlischen Jerusalem mit dem thronenden Christus. Karolingische Kuppel des Aachener
Doms, vollendet 800. Das Mosaik wurde 1881 erneuert. (Foto Münchow)

Abb. 46 Die Taufe Christi als Zentrum des Himmlischen Jerusalem. Baptisterium
der Orthodoxen in Ravenna.

Abb. 47 Das Kosmische Monogramm Christi. Mosaik aus dem 5. Jh., Baptisterium
von Albengo, Italien.

Für die freundliche Genehmigung zur Wiedergabe der Abbildungen wird allen Betei-
ligten herzlich gedankt. Die Abbildungen 2, 12 und 30 stammen von Ursula Papperitz.

182